本书接受国家自然科学基金项目"我国创业板上市公司控制权配置、经理管理防御与成长性研究"（项目编号：71772151）、国家自然科学基金项目"基于风险行为视角的高管晋升激励对企业研发投入影响研究"（项目编号：71472151）、国家自然科学基金项目"基于前沿创新特点的新创企业渐进式及互联网融资契约设计研究"（项目编号：71671138）和陕西省软科学项目"混合所有制改革背景下控制权配置对企业研发投入影响研究"（项目编号：2019KRM083）的资助

经济管理学术文库·管理类

企业税收负担及其对研发投入的影响研究

Research on the Tax Burden of Enterprise and It's Impact on the R&D Investment

吴祖光／著

经济管理出版社

图书在版编目（CIP）数据

企业税收负担及其对研发投入的影响研究/吴祖光著. —北京：经济管理出版社，2019.8
ISBN 978-7-5096-6710-1

Ⅰ.①企… Ⅱ.①吴… Ⅲ.①税收管理—影响—企业管理—技术革新—资金投入—研究—中国 Ⅳ.①F279.23

中国版本图书馆 CIP 数据核字（2019）第 137209 号

组稿编辑：杨国强
责任编辑：杨国强　张瑞军
责任印制：黄章平
责任校对：陈晓霞

出版发行：经济管理出版社
　　　　　（北京市海淀区北蜂窝 8 号中雅大厦 A 座 11 层　100038）
网　　址：www.E-mp.com.cn
电　　话：（010）51915602
印　　刷：三河市延风印装有限公司
经　　销：新华书店
开　　本：720mm×1000mm/16
印　　张：11.25
字　　数：191 千字
版　　次：2019 年 8 月第 1 版　2019 年 8 月第 1 次印刷
书　　号：ISBN 978-7-5096-6710-1
定　　价：68.00 元

·版权所有　翻印必究·
凡购本社图书，如有印装错误，由本社读者服务部负责调换。
联系地址：北京阜外月坛北小街 2 号
电话：（010）68022974　邮编：100836

序 言

近年来，中国税收负担总缺不了争议话题。"税收痛苦指数""死亡税率"等网络热词吸引眼球的同时也促使我们思考，中国企业税收负担情况到底如何？在创新驱动发展战略下，税收负担对企业研发活动有何影响？研发活动的高风险等特征导致其面临融资约束，企业创新投入低于无摩擦时的最优投入水平。研发活动的外部性也会导致企业最优创新投入低于社会最优。世界主要国家利用税收优惠政策激励企业研发投入。但目前我国采用的加计扣除税收激励政策的实施效果也受到质疑。在我国大规模减税降费情况下，企业税收负担是否明显降低？哪些因素影响企业税收负担？税收负担对企业研发投入有何影响？"死亡税率"说法是否适当？本书应用理论分析、经验研究和案例研究方法，对上述问题进行了回答。

（1）基于收入与费用匹配视角提出了新的税收负担计量指标。企业上缴国家税费作为企业一种费用，在收入费用配比视角下基于每单位收入承担的税费这一思想构建了 ETRa、ETRb 和 ETRc 三个计量企业税收负担的指标，这些指标计量的税收负担较好地呈现对称分布特征，能够有效计量企业税收负担。而传统学术文献中使用的基于利润与税收关系建立的税收负担计量指标，由于分母为利润，对于亏损企业使用这些税收负担计量指标计算出来的税收负担没有实际意义，对于微利企业计算出来的税收负担特别高，对于利润大的企业计算出来的利润反而更低。税收负担与其计量指标显著相关，用 ETRa =（所得税费用 + 递延所得税资产－递延所得税负债）/营业收入、ETRb＝（所得税费用＋递延所得税资产－递延所得税负债＋税金及附加）/营业收入、ETRc＝（支付的各项税费－收到的税费返还）/营业收入三个指标计算出来的税收负担关系为 ETRa＜ETRb＜ETRc，考虑了递延税因素后的企业税收负担明显低于按照现金流计算出来的税收负担，且使用 ETRa 和 ETRb 计算出的企业税收负担标准差较大，而使用 ETRc 计算出来的税收负担标准差较小。

（2）揭示了我国创业板上市企业税收负担现状。利用 ETRa、ETRb 和 ETRc 三个税收负担指标，分别计算出创业板不同年度、不同行业和不同地域企业的税收负担，发现：①2012 年后企业的税收负担均显著低于 2009 年，说明自 2012 年开始的"营改增"的确降低了企业税收负担，为减税降费政策实施效果提供了实证证据。ETRc 指标计量出来的税收负担均值和中位数非常接近，呈现较好的对称分布特征，且标准差较小。②农林牧渔业（A）和批发零售业（F）税收负担远低于制造业，科学研究和技术服务业（M）、水利、环境和公共设施管理业（N）以及文化、体育和娱乐业（P）税收负担显著比制造业高。③指标 ETRc 计算出的华东地区企业单位收入承担的税收支出显著低于东北地区，华南地区三个指标计算出来的税收负担均显著低于东北地区，西北地区 ETRa 和 ETRb 计算出来的税收负担显著低于东北地区。

（3）揭示了影响创业板上市公司税收负担的因素。对于影响企业税收负担的因素，财务杠杆、资本密度和存货密度越高的企业，税收负担越低；成长性越高的企业，税收负担越重；企业规模、盈利能力的影响则与税收负担计量方法有关。

（4）揭示了税收负担影响企业研发投入的途径。以 2009～2018 年的创业板上市公司为样本的经验研究，揭示了税收负担对企业创新投入水平的影响，研究发现：税收负担对企业创新投入具有挤出效应，表现出税收负担越高的企业，实际研发投入强度越低。说明在企业实践中，税收负担确实在一定程度上影响到企业创新投入能力，特别是税收负担越重，这种影响越大。挤出效应表现为直接挤出和通过增强投资现金流敏感性间接挤出。进一步发现，2012 年之前税收负担通过直接挤出和放大投资与现金流敏感性挤出。但2012年之后则主要表现为直接挤出，税收负担对投资与现金流敏感性影响并不明显。单独对制造业企业进行检验发现，无论是2012年之前还是2012年之后，税收负担对研发投入均表现出直接挤出，间接挤出效应并不明显。说明税制结构对企业行为具有重要影响。2012年开始的"营改增"改变了税收影响企业行为的方式，增值税体系下税收负担对研发投入影响主要表现为直接挤出，间接挤出不明显，营改增降低了税收负担对研发投入的影响。由此说明增值税体系有利于企业研发活动。

（5）研究发现，加计扣除优惠政策可能扭曲企业研发投入报告行为。2009~2018年创业板上市公司的经验研究，揭示了目前我国实施的加计扣除所得税优惠在一定程度上有利于激励企业创新投入。但同时发现，税收负担越高的企业，报告的研发投入水平越高。说明我国当前加计扣除税收激励会扭曲企业的研发投入报告行为。企业可能通过盈余管理手段报告较高的研发投入强度。企业即使在没有实际创新投入的情况下也能获得税收激励好处，加计扣除激励政策诱发企业机会主义行为。

（6）利用案例研究方法说明死亡税率等说法并不科学。基于中国上汽集团和美国福特集团的案例研究发现，不仅2015年和2016年上汽集团的所得税负担明显低于福特汽车，上汽集团的所得税负担甚至低于福特汽车的一半，上汽集团的总体税收负担也低于福特汽车的所得税负担。从案例研究结果看，片面地认为中国企业的税收负担比美国企业的税收负担高，显然是不科学的。同时，间接说明"死亡税率"等说法并不科学。案例研究也揭示出，即使同一税制下使用同一税收负担指标，比较不同规模企业的税收负担也是不合适的。

综上所述，虽然税收负担在一定程度上挤出研发投入，但通过加计扣除来激励企业创新的税收政策并不是最优的，激励企业创新的税收政策应更多地关注如何分担创新项目未来风险等问题。未来，需要改进研发活动的税收激励方式，例如借鉴我国所得税优惠"企业综合利用资源，生产符合国家产业政策规定的产品所取得的收入，可以在计算应纳税所得额时减计收入"优惠方式，对创新产品带来的收入减计收入后征收所得税。这样不仅可以降低创新活动的未来风险，同时也能降低企业利用研发投入进行盈余管理的概率,从而更加有效地激励企业开展高质量的创新活动。另外,税收激励过程中需要注意企业决策目标会影响税收激励政策的实施效果,税收激励政策也不能替代金融市场对创新活动的支持作用。在实施税收激励政策的同时,需要完善金融市场缓解融资约束和分担风险的功能,支持企业创新。

企业税收数据具有一定保密性,根据企业财务报告研究税收负担及其影响问题本身具有一定难度和局限性,笔者虽对此进行了一定探索,但受学识所限,加之时间仓促,书中难免存在疏漏和不当之处,敬请读者指正为盼。

目　录

1 绪　论 ··· 1

　1.1　研究背景 ··· 1

　　　1.1.1　现实背景 ··· 4

　　　1.1.2　理论背景 ··· 8

　1.2　研究问题提出 ··· 11

　　　1.2.1　减税降费背景下我国企业税收负担的现状是什么？
　　　　　　哪些因素会影响我国企业税收负担 ······················ 11

　　　1.2.2　税收负担对企业研发投入的影响 ························· 11

　　　1.2.3　税收激励对创新投资水平的影响 ························· 12

　　　1.2.4　我国企业税收负担是否一定比美国企业税收负担高 ········· 12

　1.3　核心概念 ··· 13

　　　1.3.1　税收负担 ··· 13

　　　1.3.2　研发投入 ··· 14

2 企业税收负担与研发投入文献综述 ·································· 17

　2.1　企业税收负担 ··· 18

　　　2.1.1　制度因素与税收负担 ··· 18

        2.1.2 企业特征因素与税收负担 ………………………………… 23
        2.1.3 税收特征与税收负担 …………………………………… 27
    2.2 税收与企业投融资行为 …………………………………………… 28
        2.2.1 税收与企业融资 …………………………………………… 28
        2.2.2 税收与企业投资 …………………………………………… 31
        2.2.3 税收与企业冒险行为 …………………………………… 36
    2.3 企业创新活动的税收激励 ………………………………………… 38
        2.3.1 税收激励企业创新活动效果评价 ……………………… 39
        2.3.2 创新税收激励政策存在的争议 ………………………… 44

3 **企业税收负担计量与现状研究** ……………………………………… 46
    3.1 企业税收负担计量 ………………………………………………… 46
        3.1.1 企业税收负担计量难点 ………………………………… 46
        3.1.2 企业税收负担计量指标及评价 ………………………… 48
        3.1.3 企业税收负担计量指标构建 …………………………… 50
    3.2 创业板上市公司税收负担总体现状 …………………………… 53
    3.3 创业板上市公司税收负担年度分布状况 ……………………… 56
        3.3.1 税收负担年度描述性统计 ……………………………… 56
        3.3.2 创业板上市公司税收负担年度统计检验 ……………… 60
    3.4 创业板上市公司税收负担行业分布状况 ……………………… 62
        3.4.1 创业板上市公司不同行业税收负担描述性统计 ……… 62
        3.4.2 创业板上市公司不同行业税收负担统计检验 ………… 64
    3.5 创业板上市公司税收负担地区分布状况 ……………………… 65
        3.5.1 创业板上市公司不同地区税收负担描述性统计 ……… 65
        3.5.2 创业板上市公司不同地区税收负担统计检验 ………… 67
    3.6 创业板上市公司税收负担的影响因素 ………………………… 68

4 税收负担与加计扣除对企业研发投入的影响 ················ 72

4.1 制度背景 ··· 73
4.1.1 我国创新活动的主要会计规范 ························· 74
4.1.2 我国支持研发投入加计扣除政策 ····················· 75

4.2 样本选择 ··· 78

4.3 企业税收负担对研发投入的影响 ························· 79
4.3.1 理论分析 ··· 79
4.3.2 假设提出 ··· 83
4.3.3 研究设计 ··· 86
4.3.4 实证分析 ··· 87

4.4 加计扣除税收激励对企业创新报告行为的扭曲 ······· 95
4.4.1 假设提出 ··· 95
4.4.2 研究设计 ··· 98
4.4.3 两阶段回归分析 ·· 101
4.4.4 稳健性检验：三阶段回归分析 ························ 103

4.5 本章小结 ··· 105

5 中国与美国企业税收负担案例研究 ······················· 108

5.1 案例公司概况 ·· 109
5.1.1 美国福特汽车 ··· 109
5.1.2 上汽集团 ··· 113

5.2 案例概况 ··· 117
5.2.1 福特汽车财务报表 ······································· 117
5.2.2 上汽集团财务报表 ······································· 122

5.3 其他补充信息 ·· 128
5.3.1 美国福特汽车纳税事项 ································· 128

5.3.2　上汽集团纳税事项 …………………………………… 130

5.4　福特汽车和上汽集团税收负担比较 ……………………………… 134

　　5.4.1　福特汽车和上汽集团所得税负担 …………………… 134

　　5.4.2　上汽集团的全部税收负担与福特汽车的所得税负担比较 … 135

　　5.4.3　福特汽车税收负担与我国企业总体比较 …………… 136

6　结论与建议 ……………………………………………………… 142

6.1　主要研究结论 ……………………………………………………… 142

6.2　主要创新点 ………………………………………………………… 146

6.3　政策建议 …………………………………………………………… 148

参考文献 …………………………………………………………… 150

后　记 ……………………………………………………………… 167

1 绪 论

1.1 研究背景

由于研发活动投入周期长、金额大、风险高且具有正外部性,世界各国普遍采用财政补贴、税收激励、专利保护、金融支持等措施激励企业创新投入。《国家中长期科学和技术发展规划纲要(2006~2020年)》提出,到2020年,我国经济增长的科技进步贡献率要从39%提高到60%以上,全社会研发投入占GDP的比重从1.35%提高到2.5%,进入创新型国家行列。创新型国家的一个最重要特点是国家的创新投入比较高,研发投入占GDP比例达到2%以上。建设创新型国家要求我国的经济增长模式逐步由生产要素投入驱动转变到以创新驱动,通过创新驱动的增长方式来实现可持续发展。国务院发布《实施〈国家中长期科学和技术发展规划纲要(2006~2020年)〉的若干配套政策》继续提出创新财政科技管理体制,建立多元化、多渠道的科技投入体系,确保财政科技投入稳定增长,优化财政科技投入结构(财政科技投入重点支持基础研究、社会公益研究和前沿技术研究),发挥财政资金对激励企业自主创新的引导作用。同时,进一步通过税收优惠激励企业创新。对创新活动的税收激励打出了组合拳,包括:①完善加计扣除政策，加大对企业自主创新投入的所得税前抵扣力度；②对研究开发仪器设备实行加速折旧；③完善促进高新技术企业发展的税收政策；④利用税收激励支持企业加强自主创新能力建设；⑤通过免征企业所得税等措施促进转制科研机构发展；⑥通过投资收益税收减免或投资额按比例抵扣应纳税所得额等税收优惠政策支持创业风险投资企业的发展；⑦通过免征所得税、房产税和城镇土地使用税，扶持科技中介服务机构；⑧通过对公益性捐赠按国家有关规定在缴纳企业所得税和个人所得税时予以扣除鼓励社会资金捐赠创新活动。国家通过多元的税收激励政策，从企业所得税、增值税以及房产税等多税种对研发活动进行全方位激励。我国企业税收负担对企业研发活动有何影响？加计扣除税收激励对企业研发投入有何影响？

党的十九大报告指出，创新是引领发展的第一动力，是建设现代化经济体系的战略支撑，并强调要坚定实施创新驱动发展战略。改革开放40年，我国经济经过高速发展，科技进步在经济发展中发挥越来越重要的作用。特别是过去数十年，技术引进、消化和吸收，以及外国直接投资在转变经济增长方式的过程中发挥了重要作用。目前，我国经济已经由高速发展阶段进入高质量发展阶段，体现创新、协调、绿色、开放、共享发展理念，创新是高质量发展的基础。贸易战为我国经济发展和技术进步带来外部冲击，增加了不确定性，中美贸易战中兴通讯遭遇的"缺芯之痛"，暴露出自主创新的迫切性和重要性。同时在我国步入中等收入国家的过程中，促进消费，拓展国内市场将成为未来经济增长的主要动力。我国在建设创新型国家的过程中，需要依靠本土企业的创新活动和创新行为创造出服务于国内市场、适合中国国情的新产品、新服务以及新的经营组织形式（楼继伟，2010）。在这一创新方式转变过程中，政府需要加强政策性金融对自主创新的支持。通过引导商业性金融支持自主创新，完善支持自主创新的多层次资本市场，支持开展对高新技术企业的保险服务，完善高新技术企业的外汇管理政策等措施，充分利用金融市场缓解创新活动面临的融资约束问题，分担技术创新风险，建立产权交易市场并促进知识产权保护，降低交易成本来保证企业以低成本自由进入和退出创新活动等措施，为企业营造良好的政策和基础设施环境，保证创新活动各参与方能够分享创新收益。同时，政府需要充分有效地利用政府补助或税收激励等措施直接或者间接地激励企业从事创新活动，通过补偿创新活动私人收益与社会受益的差额，降低创新活动正外部性对创新活动产生的不利影响。相对于政府补贴，税收激励在激励企业创新活动方面具有其政策优势，政府补贴可能导致"寻租"等活动，导致非效率投资，进而降低补贴效率。同时，政府补贴也可能扭曲企业行为。相当多的研究发现，政府资助可能导致企业报告较高的研发支出（Cullen和Gordon，2006）。税收政策支持创新活动的重要优点是其对不同行业和不同性质企业的影响具有中性特征（Berube和Mohnen，2009），税收具有法定性和相对稳定性，以税收为基础的研发活动激励政策应如何开展研发活动的决策赋予企业，因而符合市场化方向（Hall和Reenen，2000）。因此，在建设法治国家过程中需要更加重视利用税收手段实现政策目标。许多工业化国家都利用特定的税收激励政策（如低税率、加速折旧、加计扣除以及投资抵税等）促进企业创新活动投入。不仅许多国家逐渐从直接资助研发活动转向税收支持，各国创新税收激励的力度也呈现不断上升的趋势（李文，2007）。尽管如此，受到企业税收数据保密性、各国税制复杂且存在很大差异以及现有研究方法缺陷的制约，企业税收负担问题以及税收负担对企业的影响研究还缺少具有说服力的经验证据。理论上对税收政策如何影响企业创新行为认识的有限性可能导致实践过程中税收政策（包括税收激励创新政策）与税收政策需要实现的目标之间形成错配，影响税收激励政策的实施效果。

在宽税基、低税率、简税制、强征管的税收改革背景下，我国企业税收负担是否真如网络文字描述的那样为"死亡税率"？在一系列减税降费政策措施下，我国企业税费负担是否明显降低？税收负担对企业创新活动产生什么影响？由于税收数据的保密性，税收负担方面的研究本身存在困难，目前在这些方面还缺乏系统性的研究。笔者应用理论研究、实证研究方法和案例研究方法，克服单一研究方法固有的局限性，发挥理论研究、经验研究和案例研究等研究方法的优势，互为补充，研究我国企业税收负担特征，揭示税收负担对企业研发投入的影响，利用案例分析揭示中美两国企业税收负担存在的差异。在此基础上，提出具有针对性的政策建议。

1.1.1 现实背景

税收影响投资，同时世界各国政策制定者也非常关注税收竞争以及税收激励问题。近年来，税收负担问题受到政府、企业以及学术界的广泛关注，税收优惠作为世界各国激励企业创新的重要政策选择，其本身源起于税收负担。一般认为税收负担不利于企业创新，税收激励通过降低税收负担从而有利于创新。各国税制结构、税收法律完善程度以及法律实施机制存在巨大差异，创新活动的具体税收激励政策也明显不同。

1.1.1.1 我国企业税收负担

（1）我国企业税收负担现状。近年来，美国福布斯杂志发布的全球税负痛苦指数排名，中国的税负痛苦指数一直位于全球前三名，受到社会各界的广泛讨论。彭高旺和李里（2006）认为，我国企业的税负偏重。税收负担，特别是对于作为创新重要主体的中小企业以及民营企业产生重要影响。常世旺和韩仁月（2011）研究发现，我国各地区实际税收负担值皆超过最优值，东部地区偏离程度低于西部地区，税负导致效率损失并加大地区差距。税费负担可能严重削弱了企业（特别是中小企业）进行升级换代和科研开发的投入能力，最终不利于经济发展。2011年11月14日，《人民日报》发表文章认为，我国中小企业税费负担重，一半利润用于上缴各种税费，加重了中小企业的经营困难。2011年10月20日，由中国民主建国会与中国企业家调查系统联合发布的2011年千户民营企业跟踪调查报告显示，税费负担过重已经成为当前我国民营企业面临的主要困难之一。工业和信息化部2013年9月发布的《全国企业负担调查评价报告》显示，在受调查的全国2000多家中小企业中，平均利润率仅为5.1%，扣除所得税之后的净利润更少，超过70%的企业反映税收负担较重。2016年，中国企业经营者问卷跟踪调查报告显示，企业对负担主观感受增强，56%的企业认为当前总体负担较重。2017年全国企业负担调查评价报告显示，在被调查的企业中，52%的企业认为当前总体负担较重，认为总体负担比上年加重的企业比例为27%。2017

年中国企业经营者问卷跟踪调查报告显示,企业家认为人工成本上升和社保税费负担过重的压力尚未缓解。从中国企业家调查系统等发布的近年的问卷调查结果显示,企业家普遍关注税收负担问题,同时企业家主观感受税收负担并未明显降低。那么,实际的税收负担是否降低?企业家的主观感受是否受到固定思维的影响?

(2)减税降费政策以及实施效果。近年来,我国推进供给侧结构性改革,通过简税制、降税率等措施减税降费,实施税收改革。实施结构性减税政策降低企业税收负担,利用税收杠杆促进企业可持续发展、引导产业结构调整、激励企业创新并最终促进经济增长。总的来看,减税的主要措施就是降低法定税率,但降低法定税率未必能够有效降低实际税率。王延明(2003)发现,企业实际税负的变化只有法定税率变化的0.502。李增福和徐媛(2010)发现,我国2008年实施《中华人民共和国企业所得税法》后,上市公司的实际所得税税率降低仅为1.88%,降低法定税率并未显著降低企业实际税收负担。显然,降低法定税率这种减税政策发挥的作用非常有限,必须从改进税收激励政策等方面着手有效激励企业创新。2012年逐步推广的营业税改增值税的改革,通过发挥增值税的优点,简化税制(合并增值税税率)、降税率,预期进一步降低企业税收负担,成为推动企业技术转型的新动力。2019年4月1日,国务院进一步降低了企业增值税税率,形成13%、9%和6%三档税率的增值税税率结构。在国家推进"放管服"改革和降低实体经济企业成本等一系列政策推动下,企业税收负担是否有所减轻,还没有具体的实证证据。

1.1.1.2 我国主要的创新税收激励政策

创新的外部性以及高风险特征决定了政府在创新活动中的作用,政府往往通过产业政策、政府补贴、金融支持以及税收优惠等措施支持创新活动。

(1)我国企业创新活动的主要税收激励政策。我国在1996年首次实施了企业技术开发费"加计扣除"税收激励政策,规定研究开发所发生的各项费用增长幅度在10%以上的盈利企业,可再按实际发生额的50%抵扣应纳税所得额。2006年取消了盈利企业和研发支出增长限制,规定研发支出在100%税前扣除的基础上，再按实际发生额的 50% 抵扣应税所得额，当年不足抵扣的，可结转至下年抵扣，但结转抵扣时间不超过 5 年。2006 年 2 月，国务院发布的《实施〈国家中长期科学和技术发展规划纲要（2006～2020 年）〉的若干配套政策》提出，通过实施科技投入、税收激励和金融支持等十个方面的配套政策建设创新型国家，其中税收激励占据重要地位。加大科技投入是建设创新型国家的必经之路，在政府公共管理职能进一步明确的背景下，企业正在逐步成为技术创新主体（解维敏等，2009）的情况下，税收激励等措施是促进企业创新投入的催化剂。2008 年实施的《中华人民共和国企业所得税法》及其实施细则进一步从法律层面确立了企业研发投入税前"加计扣除"税收激励政策。

2015 年 11 月的财税 [2015] 119 号文对研发费用加计扣除采用负面清单法，提出对于烟草制造业、住宿和餐饮业、批发和零售业、房地产业、租赁和商务服务业、娱乐业及财政部和国税总局规定的其他行业之外的行业的企业都可以享受研发费用加计扣除政策，且对行业的归类判断是根据主营业务收入占比以及在税务机关登记的行业类型而进行的。如果企业中上述行业带来的收入占公司总收入的 50% 以上，则企业不能享受研发投入税前加计扣除政策。如果企业中上述行业的收入占企业总收入比例小于 50%，且符合所得税加计扣除其他条件，则企业仍可享受减税政策。2018 年 9 月发布的财税 [2018] 99 号文，不仅将研发投入的税前加计扣除比例提高到 75%，且适用的企业范围由科技型中小企业扩展到所有企业。

（2）我国企业创新税收激励政策实施存在问题。我国实施的研究开发费"加计扣除"税收激励政策在刺激企业扩大创新投入规模方面发挥了一定作用。但由于信息不对称以及研发费用项目多，企业可以将非研发活动支出归类为研发活动支出，在不同会计期间调节研发支出金额或者利用资本化与费用化调节利润，如有的企业可能将符合资本化条件的研发费用资本化，达到尽早享受所得税前加计扣除的目的，获得时间价值收益。刘圻等（2012）研究发现，研发支出加计扣除优惠强度与企业研发投资显著正相关，说明我国税收激励政策确实能够在一定程度上促进企业创新投入。但是，薛薇和李艳艳（2010）、赵彤等（2011）

认为，我国研发税收优惠政策的落实情况较差，在政策定位与设计等方面存在的问题影响了税收激励政策的实施效果。吴秀波（2003）认为，我国现行科技税收优惠政策的实施效果并不明显。郑榕（2006）认为，税前加计扣除方式对企业的激励效果取决于企业所得税的有效边际税率。范金等（2011）研究发现，加计扣除政策激励是以政府放弃即期税收收入为代价，地方经济发展水平和政府财政收入对加计扣除政策有效实施影响比较大。税收激励的规模受地方同期财政承受能力的制约，经济欠发达地区政府执行税收激励政策的积极性受到抑制。工业和信息化部2013年9月发布的《全国企业负担调查评价报告显示》，多数企业认为各项税收优惠政策落实情况还不够理想，高达50%左右的企业不清楚相关税收激励政策。一般认为，税收激励通过降低企业税收负担和投资成本，降低企业现金流短缺风险，从而提高企业的创新投资能力。税收激励政策执行不到位可能成为加重企业税收负担、抑制企业创新能力的重要因素。

税收负担和税收激励是企业税收中相伴而生的两个重要问题。税收激励可以通过提高企业创新收益等激励企业创新。直观上看，税收负担降低企业现金流从而影响企业创新能力，税收激励可以通过降低税收负担从而有利于创新。但目前我国的创新投入加计扣除税收激励以及减税政策实施效果并不理想，一般认为企业税收负担偏重，这些现实因素都会对企业创新活动带来不利影响。近年来，营改增以及降低增值税税率的减税降费政策是否产生明显效果，还很少有文献深入研究。

1.1.1.3 我国的研发投入状况

近年来，我国国家投入研发经费以及企业研发投入持续增长，2017年，我国研发人员全时当量比上年增长4.0%，达到403.4万人年，保持全球第一。工业企业研发投入持续提高，2017年全国规模以上工业企业研发投入经费比上年增长9.8%，达到12013亿元，其中，大中型企业和小型企业分别增长8.3%和14.4%。规模以上工业企业研发投入强度（研发投入与主营业务收入之比）达到1.06%，首次突破1%（2016年为0.94%）。2017年全年研究与试验发展（R&D）经费支出与国内生产总值之比为2.12%，2018年全年研究与试验发展

(R&D)经费支出与国内生产总值之比达到2.18%。虽然我国研发投入不断增长，但和发达国家还有很大差距，如美国企业研发投入强度为4.9%。企业是创行活动的主体，如何激励企业增加研发投入成为建设创新型国家急需解决的问题。

1.1.2 理论背景

由于创新投入具有高风险特征，创新投资主体要求高收益率以弥补其承担的风险，提高了投资门槛。由于创新活动具有外部性，创新主体无法控制其创新活动全部收益，导致创新活动私人收益低于社会平均收益。高风险和外部性特征都会降低企业创新投资意愿。创新活动的高风险性和高度信息不对称特征决定了企业创新活动面临融资约束。各国政府均会通过税收激励等措施支持企业的创新活动，减轻外部性和融资约束问题带来的影响。税收激励可以提高创新主体的私人收益，降低外部性和高风险带来的影响。但由于税收相关研究具有多学科属性，具体涉及会计、金融、经济和法律问题，不同学科对于税收的研究在使用语言和研究视角方面存在很大差异，从而增加了税收相关研究的难度，同时税收研究具有多学科属性也使税收相关研究保持持久吸引力（Hanlona 和 Heitzman，2010）。税收问题研究的多学科特征，加之企业税收数据保密性给税收相关问题经验研究带来的限制，导致理论上对于税收激励企业创新活动的具体机理认识不足。理论认识的局限性影响到税收实践中税收激励政策设计和优化等问题，进而影响税收激励政策实施效果。

税收问题研究具有多学科性质，且不同学科对于税收问题研究的侧重点不同，经济学研究通常聚焦于税收归宿（Tax Incidence）、税收合规（Tax Compliance）、税收对经济增长的影响以及税收政策优化等。而在金融领域，Miller 和 Modigliani（1958）认为，税收是造成市场不完美的因素，相应的研究包括税收对投资的影响、税收是否影响公司价值、税收对公司融资选择的影响以及税收改变投资组合选择等。会计领域的相关研究则从经验视角检验经济与金融领域对税收研究过程中提出的问题。目前，税收激励、税收负担与企业创新活动之间关系的研究主要以规范性讨论为主，缺乏有效的实证研究。

1.1.2.1 税收负担对企业投资的影响

税收在经典理论中被认为是一个摩擦因素。传统公司金融研究将税收视为导致市场不完美的一个因素，因而在以完美市场为基础的研究中，税收的作用往往被忽略。税收能够改变投资行为已经成为政策制定者和经济学家的坚定信念（Hall 和 Jorgenson，1967）。新古典投资理论立足于税收如何影响资本成本来研究税收与投资的关系。公司税增加了投资成本，从而不利于投资。Sandmo（1989）、Watson（1992）认为对风险资产的收益征税会抑制冒险行为。但 Mossin（1968）、Stiglitz（1969）认为，政府通过税收系统发挥风险分担作用，政府税收系统通过向收益征收随机税收而分担风险，导致企业在其资产组合中配置更多风险资产，达到激励企业创新的目的。在不确定性情况下，企业所得税能够分担企业等待价值（Value of Waiting）面临的风险，从而有利于激励投资。税收与投资之间关系是经济学关注的重要问题之一，但税收负担到底对我国企业的创新活动有什么影响？加计扣除税收激励政策是否通过降低企业税收负担从而激励企业创新？我国企业税收负担与美国企业税收负担到底有何差异？这些问题并没有获得理论研究或者经验证据的支持。

1.1.2.2 税收作为创新激励手段

税收激励是世界各国激励企业创新活动的重要政策之一，对于税收激励与企业创新行为之间的关系，Lund（2002）建立的理论框架明确显示，在不同税收系统下，税收发挥风险分担的模式存在差异，因而税收会影响期望税后收益。因此，Elschner 等（2011）认为，研究税收激励企业创新活动这一问题不能仅仅关注税率影响，而需要关注整个税务机制。除了降低税率外，国际上存在两种主要税收激励政策，即创新投资加计扣除和投资抵税。过去 20 年里，大多数 OECD 成员国家引进或者修改了对 R&D 的税收激励政策，说明政策制定者认为不同税收激励政策的经济后果存在差异。近年来，政府对企业 R&D 进行公共支持的结构也发生了重要变化，主要表现为政府的研发资助政策逐渐转向为市场发出信号和激励竞争，以降低公共政策对企业 R&D 项目选择行为的扭曲。许多国家逐渐从直接资助研发活动转向税收支持,各国创新税收激励的力度也呈现不断上升的趋势(李文,2007)。

我国以及世界各国创新支持税收激励政策的实施效果也受到质疑。Hall 和 Reenen(2000)认为,利用税收政策刺激创新投资并不是治愈市场失灵的灵丹妙药。Griffith 等(1995)认为,税收激励在缓解某些市场失灵的同时,也会加重另外一些市场失灵。OECD(1994)的研究报告认为,对于世界各国广泛采用的税前加计扣除政策来说,税前加计扣除项目本身存在界定困难会削弱这一税收激励政策实施效果,企业可能对研发项目进行重新归类以利用税收激励政策来避税。对于投资抵税政策来说,经济分析和行业调查均显示美国的创新投资抵税政策所发挥的作用非常小。Tassey(1996)认为,投资抵税的计算基础会扭曲企业研发费用归类行为并会增加税收管理成本,进而削弱了这种激励政策的实施效果。

目前,我国正在进行供给侧结构性改革,减税降费是供给侧结构性改革的重要内容。在宽税基、低税率、简税制、严征管税改取得成效的同时,增值税、个人所得税等大规模减税政策陆续落地。从 2019 年 4 月 1 日起,制造业等行业现行 16% 的税率降至 13%,交通运输业、建筑业等行业现行 10% 的税率降至 9%;保持 6% 一档的税率不变,但通过对生产、生活性服务业增加税收抵扣等配套措施,确保所有行业税负只减不增。同时,2019 年也会明显降低企业社保缴费负担,下调城镇职工基本养老保险单位缴费比例,各地根据自身情况可降至 16%。那么,近年来我国税收负担如何变化?需要从企业实际获得实际经验证据支持。税收负担对企业创新活动产生什么影响?税收负担在税收激励政策中发挥什么作用?从理论上回答上述问题,才能帮助政策制定者有针对性地改进税收激励企业创新政策,改善税收激励政策的实施效果。因此,通过研究创业板上市公司税收负担变化情况,揭示税收负担现状以及税收负担的影响因素,揭示税收负担以及税收激励对企业研发活动的影响。通过这些研究填补税收与研发投入之间关系的研究空白,在一定程度上加深对企业税收负担现状及其影响的认识,并为完善税收激励企业创新政策提供具体建议。

1.2 研究问题提出

尽管税收负担问题备受关注，但我国企业税收负担水平以及变化趋势是什么？还没有系统经验证据。税收激励是世界各国激励企业创新的主要手段之一，我国的创新税收激励政策也在不断完善过程中，但税收激励政策实施效果仍然存在广泛争议。国外一些学术文献也讨论了税收政策在激励企业创新方面的优缺点，这些研究主要以规范性的讨论为主。基于上述研究的现实背景和理论背景，本书提出以下几个具体的科学研究问题。

1.2.1 减税降费背景下我国企业税收负担的现状是什么？哪些因素会影响我国企业税收负担

税收负担形成企业的费用，体现政府与企业之间的分配关系，一直是政府和企业关注的焦点。由于各国税制存在差异，我国各地区间发展不平衡，税收数据又存在保密性特点，研究税收负担问题本身存在困难。利用财务报表项目关系，构建税收负担指标揭示我国创业板上市企业税收负担现状，并研究影响税收负担的因素。

1.2.2 税收负担对企业研发投入的影响

创业板上市公司作为企业创新的主力军，企业规模小、创新活动高风险等特征决定了其面临融资难和税费负担偏重等问题。税收活动可能会扭曲创业板上市公司的投资行为，在金融市场不完美的情况下，金融市场不能有效地为研发活动提供融资。税收需要现金支付且支付时间有刚性约束，对企业的投资预算产生重要影响。在税收优先的情况下，企业的研发投入预算受到税收现金流出数量和时间以及现金储备的制约，税收现金流出会削弱企业研发投入能力，从而对研发活动产生挤出效应。一般认为，税收负担加剧企业资金短缺风险，削弱企业创新活动投入的能力，而税收激励能够减轻税收负担带来的影响，有利于企业投资。但这一观点仅仅来源于感性认识，并不是源于经验证据。税收负担是否真正地对我国企业创新行为产生影响？基于此，本书利用我国创业板上市公司数据，研究税收负担对企业研发投入的影响，在一定程度上揭示税收负担影响研发投入强度的机理。

1.2.3 税收激励对创新投资水平的影响

企业创新活动最终目的是生产出有利于社会的创新产品，提高全要素生产率，促进经济发展，增进社会福利。增加创新投入有利于企业创新活动，税收激励是各国常见的激励企业研发投入的政策。但税收激励也可能会扭曲企业行为，基于此，本书利用我国创业板上市公司数据，研究我国加计扣除税收优惠政策的激励效果，在此基础上对该政策进行评价。

1.2.4 我国企业税收负担是否一定比美国企业税收负担高

各国税制存在很大差异（即使在美国各州之间也存在很大差异），税收优惠以及税前扣减等因素都会影响企业实际税率，名义税率高低并不能代表真实税负。同时，税收数据又具有保密性，比较税收负担本身存在很大难度。由于上市公司财务报告经过了独立审计，可靠性较高。本书选择美国和中国汽车业龙头上市公司上汽集团和福特汽车，基于上市公司财务报表数据，比较中美两国企业税收负担。通过案例分析直观认识中国企业和美国企业税收负担差异，回答是否存在死亡税率等问题。

创新投资项目具有外部性和高风险特征，世界各国均通过税收激励或者政府资助激励企业创新，但不当的税收激励政策本身可能会扭曲企业行为。通过上述问题研究，揭示实际税收负担和加计扣除税收激励政策对企业创新行为的影响，为税收激励政策设计提供经验证据。在理论上为税收激励政策、激励创新活动的具体机理以及税收负担在税收激励过程中发挥的作用做出创新成果。

1.3 核心概念

税收负担可能降低企业的创新投入能力,创新税收激励可能通过降低企业税收负担等途径增加企业从事创新行为的积极性,税收负担是税收激励政策存在的重要原因之一。基于企业投资理论,企业创新投资决策包括投资时机决策(如什么时候投资和撤资)和资本分配决策(投资多少)两个方面。本书主要涉及的概念包括税收因素(税收负担和税收激励)和研发投入强度。

1.3.1 税收负担

学术界对税收负担的研究主要集中在宏观层面。税收负担一直是政策制定者和利益集团讨论的焦点(Gupta 和 Newberry,1997),宏观税负的研究文献相对比较丰富。宏观层面一般使用国家税收收入与 GDP 的比值作为表征国家税收政策的代理变量。但在企业层面上,虽然如何计量企业税收负担是研究税收负担问题的学者们面临的一个关键问题,但目前还没有形成一个公认而可靠的企业税收负担计量指标。Adhikari 等(2006)认为,计量企业税收负担涉及应将哪些税种考虑在内以及财务报告列示的会计利润并不代表企业实际应纳税所得这两个问题。企业层面的税收数据具有一定的保密性,非政府的学者需要基于财务报告构建代表企业税收负担的变量。而财务报告与税务报告之间存在时间性差异和永久性差异,合并报表主体与纳税主体的差异等因素也会使财务报告与税务报告之间的关系变得更加复杂,这些因素都会导致基于财务报告构建的税收负担计量指标并不能可靠地代表企业的实际税收负担(Plesko,2003)。尽管如此,国家的税收活动主要基于企业财务会计报告,税收系统通过调整会计准则与税收法规之间的差异进行征税,因而税收活动与财务报告之间存在紧密联系。

充分利用现金流量表提供的会计期间企业实际支付的各项税费和收到的税费

返还信息，结合利润表和资产负债表提供的相关信息，构建比较可靠的企业税收负担计量指标，主要包括：①所得税税收负担（ETRa）=（所得税费用＋递延所得税资产－递延所得税负债）/营业收入，计量企业正常经营活动取得的单位营业收入承担的所得税费用。②企业总税收负担（ETRb）=（所得税费用＋递延所得税资产－递延所得税负债＋税金及附加）/营业收入和企业总税收负担（ETRc）=（支付的各项税费－收到的税费返还）/营业收入，计量企业正常经营活动取得的单位营业收入承担的各种税收费用；这两个指标主要利用企业资产负债表、利润表和现金流量表提供的信息，从而提高了计量指标的可靠性。

1.3.2 研发投入

创新投入研究文献使用创新投入强度作为创新投入水平的代理变量，且认为企业报告的创新投入强度与实际创新投入强度一致。但在信息不对称情况下，我国当前实施的加计扣除税收激励可能导致企业报告的创新投入水平偏离实际创新投入水平，基于加计扣除税收激励政策的盈余管理行为影响到加计扣除税收激励政策的实施效果。笔者在研究中区分实际创新投入水平和报告创新投入水平。

创新投入对于企业来说，主要指企业在研发项目中所投入的资金（本书用研发投入水平代表企业创新投入）。学术界对于研发投入水平有不同的度量标准。Hansen 和 Hill（1991）、Berrone 等（2007）以企业研发投入占销售收入的比值来度量企业的创新投入水平。而 Baysinger 等（1991）、Wu 和 Tu（2007）以研发支出与企业员工总数的比值来度量企业研发投入水平。赵洪江等（2008）认为，我国学者主要以企业的研发投入占销售收入的比值来度量企业创新投入水平，如解维敏和方红星（2011）认为，企业研发投入强度一般用企业研发费用占企业销售额的比重来衡量。

企业创新投入在一定程度上代表企业创新与可持续发展的能力。研发支出的信息披露实际上是向市场传递了研发项目进展情况及未来盈利能力的信号（何燎原，2012）。创新支出信息是投资者进行投资决策的重要依据。各国证券市场都十分重视创新相关活动的信息披露，我国证券市场创新活动相关信息披露也在不断健全过程之中①。研发支出相关信息披露具有经济后果,如 Han 和 Manry(2004)的研究发现,相对于费用化的研发支出部分,资本化研发支出部分具有更强的价值相关性。王宇峰(2011)发现,研发支出信息披露质量对股票价格有显著的影响,股票价格对资本化研发支出和费用化研发支出存在选择性吸收。信息披露具有经济后果这一事实会诱发企业进行选择性披露或者误导性披露。在信息不对称和税收征管活动建立在会计信息基础之上的情况下,企业可能选择对自身有利的创新活动信息披露策略,结果,不当税收激励成为诱导企业进行误导性披露研发相关信息的重要因素。因此,本书认为,在以创新要素投入为基础的"加计扣除"税收激励政策下,企业具有虚报创新要素投入的动机,导致报告的创新投入水平偏离真实创新投入水平。在第 4 章的经验研究主要使用企业研发费用占企业销售收入的比重来度量企业的实际创新投入水平。

本书研究内容如下:

第 1 章为绪论部分。绪论部分主要包括研究现实背景和理论背景、研究的科学问题、核心概念界定等。

第 2 章为文献综述部分。税收对企业投资、融资行为以及冒险行为的影响直接与企业创新行为相关。首先,对税收负担研究文献进行了述评,并对税收影响企业行为的相关研究,包括税收对于企业投资行为、融资行为的影响、税收对企业冒险行为的影响文献进行了回顾。其次,分析了现有研究的不足之处,主要包括税收负担定义并没有随着会计理论的发展而更新等。最后,对税收激励企业创新主要文献进行了归纳,总结了税收激励创新的若干争议。在此基础上,确定了本书的研究基础。

---

① 2012 年 12 月 20 日,中国证监会正式发布《公开发行证券的公司信息披露内容与格式准则第 30 号——创业板上市公司年度报告的内容与格式》(以下简称《创业板年报准则》),自 2013 年 1 月 1 日起施行。《创业板年报准则》规定公司应当披露已对报告期产生重要影响以及未对报告期产生影响但对未来具有重要影响的事项等。企业需要完整而不是选择性地进行披露的重要事项包括(但不限于)收入、成本、费用、研发投入以及现金流等项目。特别对于研发事项,《创业板年报准则》规定公司应说明本年度研发支出占营业收入的比重、研发支出总额及资本化的比重。同时也应说明本年度公司所进行研发项目的目的、预计达到的目标、项目进展以及创新项目预计对公司未来发展的影响。如果研发支出相关数据较上年发生明显变化,公司应当解释数据变化的原因。

第 3 章为研究部分。我国创业板上市公司税收负担现状以及税收负担的影响因素。揭示税收负担的时间、行业以及地区间的税收差异,帮助我们全面认识我国企业税收负担的现状,增强感性认识。同时,研究企业税收负担的影响因素,对影响企业税收负担的因素进行解释。

第 4 章从经验研究视角,研究了在我国现实背景下,税收负担对企业实际创新投入和税收激励对创新报告行为的影响。经验研究发现,我国现实情况下,税收负担挤出企业的实际研发投入能力,表现为税收负担越高的企业,随后的研发投入水平降低。同时,在我国现实背景下,创新投入"加计扣除"税收激励政策能够扭曲企业的创新报告行为。企业即使没有实际的创新投资活动,也可能获得税收激励好处,研发投入加计扣除并不是一个有效的激励政策。因此,需要设计有效的创新税收激励政策来激励企业创新活动。

第 5 章为案例分析部分。通过案例分析对中美两国企业税收负担提供感性认识,直观揭示出死亡税率等说法并不科学。

第 6 章为结论部分。

2 企业税收负担与研发投入文献综述

　　税收是世界各国政府的主要经济来源,反映了政府与企业之间的分配关系。我国企业纳税主要包括企业所得税、流转税（如增值税和消费税）、财产税以及行为税等。传统公司金融理论认为,税收会影响企业融资和资本成本进而影响投资。税收能够改变企业投资行为已经成为政策制定者和经济学家的坚定信念。公司治理机制可能改变企业冒险行为,并体现于创新投资活动。因此,本章首先从制度环境、企业特征和税收特征三方面对企业税收负担及其影响因素研究进行了评述,并对税收与企业投融资主要文献进行回顾。其次对税收激励创新相关理论及经验研究进行了综述和简评。这些评述为后续研究提供基础和借鉴。

　　对于税收相关研究,宏观经济视角方面激励企业创新的研究主要基于"内生增长理论",而微观方面的创新激励研究主要以战略理论和决策理论为基础。基于战略理论的研究主要使用博弈论方法,集中研究在考虑竞争者反应情况下企业的创新行为,这些研究基本与产业结构紧密联系。而基于决策理论的创新激励研究将动态创新投资视为单个企业的优化控制问题。基于决策理论的研究情景可以简单地描述为单个企业承担创新项目,企业不存在竞争对手,企业的创新活动并不会影响其竞争对手的创新投入。考虑到企业创新活动的独特性,在竞争市场环境下,不同企业面临同样税收激励且企业自身对税收激励做出反应这一具体情境,本章主要是基于决策理论,研究税收激励对企业创新行为的影响。因此,本章主要回顾企业税收负担影响因素、税收与企业决策之间的关系以及税收对企创新激励等相关文献，既不涉及宏观方面的税收相关研究，也不涉及税收对企业创新合作与创新竞争影响的文献。

2.1 企业税收负担

2.1.1 制度因素与税收负担

2.1.1.1 税收法律变化

税收最大特征是其具有法定性，一个国家的税收体制也随着其经济发展进行改革。税收体制包括税种、税基、税率和征管。税收法律变化往往是研究名义税率和实际税率的关系，进而为探究企业有效税率影响因素提供了自然实验。利用1997年澳大利亚税法改革这一事件，Richardson和Lanis（2007）研究发现，澳大利亚税法改革改变了有效税率与其影响因素之间的关系，但税法改革后，有效税率与企业规模、财务杠杆、资本密度和存货密度的关系仍然存在。我国的税收改革也受到学者们的关注，王延明（2003）研究了我国2001年上市公司停止享受所得税地方返还政策的影响，发现当上市公司面临税率上升时，会积极采取相应措施降低有效税率的变化，但对于名义税率下降的公司，有效税率变化不明显。同时还发现，我国上市公司法定税率变化对实际税率的影响只有法定税率变化的0.502。李增福和徐媛（2010）研究了2008年企业所得税改革中所得税率调整对实际所得税负担的影响，发现实施企业所得税法后，我国上市公司的税收负担趋于一致，但上市公司实际税率仅降低1.88%。上述研究说明，实际税率相对于名义税率变化并不敏感。2009年，我国增值税由生产型增值税改为消费型增值税后，增值税制简化，节省了企业纳税成本，消费型增值税购置固定资产进项税可以抵扣，从而有效降低了企业税收。Wilkie（1988）将名义税率变化对有效税率影响并不敏感这种现象归因于税收优惠因素。岳树民和安体富（2003）

认为,我国加入世界贸易组织(WTO)后,取消过多过滥的地方性优惠政策导致企业的税负水平有所上升。吴联生和李辰(2007)研究了在地方政府自行制定并实施企业所得税先征后返优惠政策的情况下,地方政府会对不享受中央政府认可的所得税优惠政策的公司实施先征后返所得税优惠政策,结果损害了中央政府税收政策的有效性。李增福和徐媛(2010)认为,税法执行过程中存在各种税收优惠以及企业的避税行为等,使名义税率往往难以真实反映企业的所得税负担程度。另外,所得税税率的下降能够显著降低企业的财务杠杆,抑制企业的过度负债(吴静桦等,2019),负债的减少降低了企业利息费用支出,可能影响企业的税收负担。

企业税收负担是名义税率、征管行为、企业决策行为以及市场约束机制等因素的函数,因而名义税率对实际税率变化并不敏感。特别是地方政府财政状况在很大程度上影响其征收行为,进而影响到税收负担。会计信息是税收征管的基础,特别是企业所得税的征收过程需要在会计系统提供的会计利润基础上调整计算应纳税所得额,而会计系统提供的会计利润是可观察但不可证实的,它在很大程度上受会计方法选择等因素的影响。即使名义税率下降,但征管力度加大,也会导致实际税率下降并不明显。企业的盈余管理等行为也会导致实际税率对名义税率变化不敏感。

2.1.1.2 产业政策

政府往往对其支持的产业给予税收优惠。产业政策会影响企业税收负担,导致不同行业之间的有效税率存在很大差异。郭杰等(2019)将企业按照产业政策划分为"一般支持行业"和"重点支持行业",发现"重点支持行业"企业的实际税负显著低于"一般支持行业"企业的实际税负,说明产业政策对不同行业税收负担的影响作用存在差异。产业政策可以通过税收等手段提升企业的技术创新动机,增加企业的专利数量(余明桂等,2016;黎文靖和郑曼妮,2016),从而降低企业的实际税负。Omer 等(1990)认为,发展中国家税收系统的主要目标是促进经济和社会发展,包括增加出口、培育高新技术产业和新兴产业以及保护国内公司。因此,发展中国家某些行业会受到较多税收优惠政策支持,应在行业水平上研究有效税率。另外，不同行业的资产构成特征不同，固定资产折旧具有税盾效应，固定资产占比高的行业可能税收负担比较低。不同行业的负债水平也存在差异，负债高的行业利息税盾效应更强，税收负担越低。Kim等（1998）注意到，行业是影响有效税率的重要因素。在复杂税制下，不同行业缴纳的税种不同，税收负担差异很大，如王聪（2000）发现，我国银行业税率和税种欠科学，加重了银行业的税收负担。Derashid和Zhang（2003）发展了产业政策假说，认为产业政策是影响不同行业企业有效税率的主要因素，他们的实证研究发现，马来西亚政府对制造业和旅游行业的政策支持降低了这两个行业的税负。王延明（2003）发现，我国不同产业间公司实际税率有显著差异，由于不同产业的企业规模存在差异。Zimmerman（1983）的规模影响观点，实际上更多地表现为行业影响。Wang等（2006）发现，我国物流业的税收负担低于社会平均税收负担。陈菲（2006）发现，国有银行收入结构、盈利能力、管理理念以及拨备制度、通货膨胀等因素是影响其税收负担的主要原因。李文（2011）认为，促进消费的税收政策并不意味着降低总体税负。陈金保、赵晓和何枫（2011）发现，我国服务业存在明显的增税趋势，服务业税收负担对服务业增长有负作用，在服务业发达地区，这种负作用更加明显。产业政策会影响企业税收负担，政策制定者需要关注政策不确定性给企业的经营活动和成长性带来的困扰（Katz和Owen，2013）。但目前还没有文献研究产业政策如何影响企业的经济行为，从而改变企业税收负担。

2.1.1.3 政治关联

税收反映企业和政府的利益关系，政治关联是政府与企业之间关系的重要体现。企业与政府之间的政治关联存在收益观和风险观两种观点。政治关联的收益观认为，企业与政府建立紧密联系，既可能使企业获得包括税收减免在内的好处，但政治关联的风险观则认为，政治关联可能强化政府对企业的干预（罗党论和杨玉萍，2013）。Rajan和Zingales（2003）认为，发展中的资本主义国家是以关系为基础的经济，资本主义会经历从最初以关系为基础的经济向以市场为基础经济的转化。企业与政府建立紧密联系，既可能使企业获得包括税收减免在内的好处，也可能强化政府对企业的干预。政治关联成为解释发展中国家有效税率的重要因素。

政治关联为组织研究提供了一个新视角，Adhikari 等（2006）认为，政治关联为企业税收负担研究提供了方法论含义，在以关系为基础的国家，忽略政治关联来研究有效税率得到的结论是不可靠的。Kim 等（1998）、Derashid 等（2003）的研究虽然注意到长期存在的行业政策因素的影响，但还仅仅局限在工业化范围，而没有在以关系为基础的资本主义情境下研究产业政策对企业税收负担的影响，忽视了公共政策中存在的关系维度，仅仅研究产业政策与税率的关系可能忽略了产业政策本身具有内生性，因而没有抓住公共政策的重要特征。为了考虑公共政策的所有重要方面对税收负担的影响，Adhikari 等（2006）研究发现，在马来西亚，具有政治关联公司的有效税率显著低于没有政治关联的公司。

对于中国企业来说，政治关联具有更加重要的影响。我国政府对市场的管制很多很强，大量企业的高管具有政府背景（吴文锋等，2009）。结合我国这一具体制度环境，吴文锋等（2009）发现，高管的政府背景能够给企业带来税收优惠好处，并且发现公司所在省市的企业税外负担越重，高管政府背景带来的税收优惠越多。Adhikari 等（2006）、吴文锋等（2009）的研究充分说明，在以关系为基础的经济中，政治关联是影响有效税率的重要因素。但是，冯延超（2012）对我国民营企业的研究发现，具有政治关联的企业的税收负担显著高于非关联企业，并且政治关联程度越强，企业税收负担越高，从而支持政治关联对税负影响的"政治成本假设"。陈德球等（2016）研究发现，在具有政治关联的企业中地区核心官员的变更导致的政策不确定性会增强企业规避税收负担的动机。可以看出，学术界对政治关联影响税收负担途径的研究还不深入。

2.1.1.4 股权性质

国有产权性质本身在一定程度上代表企业与政府的关系，国有与非国有企业管理层的效用函数差异也会影响企业税收负担。Spooner（1986）认为，企业中存在的政府股权可以有效降低企业税收负担，Derashid 和 Zhang（2003）认为，国有股比例越高，意味着公司的游说能力越强，其实际税收负担也越低。

Adhikari 等（2006）以马来西亚 1990~1999 年上市公司为样本，研究发现，国有股权比例与公司税收负担显著负相关，即国有股权有助于降低公司税收负担，提高公司价值。

我国国有企业与非国有企业的差异受到学者们广泛关注。吴联生（2009）认为，Adhikari 等（2006）的研究只是从平均角度估计国有股权与公司税负之间的关系，没有考虑不同公司特征（如是否享受税收优惠）是否会影响国有股权与公司税负之间的关系。因此，吴联生（2009）研究了国有股权对公司税负的影响以及税收优惠对国有股权与公司税负之间关系的影响，发现国有股权比例越高，公司实际税率越高；非税收优惠公司的国有股权正向税负效应显著高于税收优惠公司，这一结果说明，政府让国有股权比例高的企业承担了更多的税收负担，从而降低了公司价值。而 Miao 等（2009）发现，有效税率与股权结构并不存在显著相关性。刘行和李小荣（2012）从企业税负角度探究地方国有企业的金字塔结构对企业价值影响的路径，发现国有企业的高税负只是存在于地方国有企业，而非中央国有企业。郑红霞和韩梅芳（2008）、彭韶兵和王伟（2011）研究发现，国有企业进行税收筹划的动机更弱，从而税负更高。而 Wu 等（2012）研究发现，国企具有较强的游说能力，通常承担了更多的社会责任因此更易获得相应的税收补偿等税收优惠的支持，因此税负会较低。王跃堂（2010）发现，非国有企业在资本决策过程中会更多的考虑税盾因素，在税收筹划方面更为激进。也有学者发现，由于地方政府的税收竞争和税收攫取行为的存在，使国企的税负低于非国企，地方国企税负高于中央国企（刘俊和刘峰，2014）。可见，产权性质对企业税负产生了何种影响仍待进一步的检验。

现有研究显示，企业有效税率与税收法律、政治关联以及国有股权的关系本身具有复杂性。企业有效税率是具体情境变量的函数，政府与企业通过税收征纳关系成为利益相关者，制度环境因素在此过程中发挥着重要作用，因而国有股权如何影响企业税收负担具有相机性特征。政府干预、法律完善程度和执行过程、企业决策行为、要素和产品市场约束等多种因素都会影响到政府与企业利益分割关系。产业政策、税收征管强度、政治关联以及国有股比例等相关因素均成为企业决策过程的输入变量,从而在广泛层面上影响企业税收负担。政府作为不请自来的第三者,企业决策行为会本能地对税收法律制度、税收制度变化以及税收制度执行过程做出反应。但国有股权、政府干预以及政治关联等因素如何影响企业税收负担等问题至今还没有被深入研究。

2.1.2 企业特征因素与税收负担

2.1.2.1 公司规模

规模是企业最基本的特征,公司规模包含丰富信息,如规模大的公司信息不对称程度低,对外部冲击反应较慢、在出现危机时受政府救助的机会更大;公司规模越大,成长性越差,公司价值与公司规模负相关。规模大的企业担保价值更高,在风险分担和融资渠道方面具有优势,创新投入比较高。大企业能够从自身的创新活动中获得收益的能力更强,因此更加愿意进行研发投入。另外,规模大的企业在创新能力、人才以及资源方面具有优势。公司规模与企业税收负担的关系备受学者们关注,但是没有取得一致结论。

学术界对规模与税收负担的关系持有两类观点,这两类观点主要是源于西方的政治环境。第一类观点是Siegfried(1974)的政治影响假说,认为大公司有更多的资源进行税收筹划与政治游说,因而实际税收负担较低。政治影响假说得到众多学者的支持,Porcano(1986)基于美国企业的实证研究支持政治影响假说。Omer等(1993)认为,发展中国家的大公司可能利用它们的经济影响力影响税收立法,降低自身税收负担。Tran(1998)发现,大公司更多受益于税务规划从而降低税收负担,Richardson和Lanis(2007)以1997~2003年澳大利亚公司为样本,研究发现有效税率与公司规模显著负相关。Omer等(1991)采用韩国、马来西亚、中国香港、中国台湾和泰国等新兴国家(地区)企业为样本,发现有效税率与企业规模显著负相关。Kim和Limpaphayom(1998)以韩国、马来西亚、中国香港、泰国和中国台湾地区企业为样本,发现在1977~1992年,大公司的有效税率显著较低。Derashid和Zhang(2003)以马来西亚制造业上市公司为样本,实证检验发现,有效税率与公司规模显著负相关。Miao等(2009)利用中国汽车制造业上市公司数据，研究发现，有效税率与公司规模显著负相关。曹越等（2017）认为，大规模公司处于成熟期，拥有一定的内部积累和风险承受能力，与小规模公司相比大规模公司对固定资产和技术研发的投资力度更大，节税效应更加明显。另外，大规模公司人员配备齐全，税收筹划能力更强，可以通过政治游说获得更多的隐性税收优惠。显然，无论是在西方经济发达国家，还是非西方经济发达国家情境下，政治影响假说都得到经验证据的支持。

第二类观点是 Zimmerman（1983）的政治成本假说，认为大公司受到公众关注度程度较高，实际税收负担也越高。Watts 和 Zimmerman（1978）发展了解释企业会计政策选择的框架，发现在很多因素中，公司规模对会计政策选择影响很大。为了降低信息成本，立法者认为，公司规模代表是否成功以及能否代表承担高政治成本的能力。大企业管理层倾向于选择收入降低的政策来降低以政治成本方式产生的财富转移，一种政治成本形式是企业所得税。政治成本假说也在一定程度上受到实证研究的支持。吴联生（2009）发现，我国规模大的上市公司实际所得税率更高，可能是我国规模大的上市公司大多是国有企业，政府让国有企业承担了更多的税收负担。Hanlon 等（2010）也认为，如果大公司投入资源进行税务筹划，会因受到媒体负面关注而带来损失，产生政治成本，表现出较高的实际税率。曹越等（2017）通过对我国 A 股上市公司的研究发现，规模大的企业整体税负显著高于规模小的企业。魏天保（2018）发现，规模越大的企业越倾向于增加投资，而税务机关在征税时会对投资规模大的企业采用高征收率，因此会增加企业的税负。郭杰等（2019）发现，规模越大企业人员薪酬在成本中所占的比例较高，其实际税收负担也越高。

除了上述两种观点，一些经验研究也发现，税收负担与企业规模没有表现出显著关系，如 Gupta 和 Newberry（1997）就 1986 年税收改革法案前的 1982～1985 年和税收改革法案后的 1987～1990 年两个时间段，基于面板数据，在多变量框架下，通过控制盈利能力消除利润对有效税率的影响，在更长时间维度上研究发现，美国公司规模对其有效税率影响并不明显，与 Shevlin 和 Porter（1992）的研究结论一致。显然，企业规模如何影响企业税收负担，尚无定论（吴联生，

2009）。虽然政治成本假说引起了学术界广泛兴趣，但受到实证研究结论的挑战（Omer 等，1991）。笔者认为，政治成本假说或政治影响假说，并不是严格基于会计程序和税收法规来考察公司特征与税收负担存在的必然关系，其背后的逻辑关系并不稳健。企业税收负担与规模之间的关系可能受到其他环境或者企业特征因素的调节，从而表现出复杂性，如 Wang（2009）构建结构方程模型，用潜变量方法研究发现，经营净损失对公司规模和有效税率间的关系具有显著调节作用，有效税率与公司规模的关系很大一部分源于经营净损失的非直接影响，既然经营净损失来源于公司特征，而不是其政治环境，那么使用有效税率来代表企业政治成本就是有偏的。

2.1.2.2　财务杠杆

除了规模，财务杠杆是企业另外一个重要特征。规模显示"蛋糕"的大小，而财务杠杆说明"蛋糕"的来源。由于负债利息可以税前扣除，表现出一定税盾效应，而股利是从税后利润支付，理论上财务杠杆高的公司，其有效税率越低。Stickney 和 McGee（1982）实证检验支持该结论。王延明（2003）、Richardson 和 Lanis（2007）、Miao 等（2009）发现，有效税率与资本结构之间存在显著负相关关系。但 Omer 等（1991）、Derashid 和 Zhang（2003）未发现财务杠杆与实际税率之间存在显著相关关系。企业税收负担与财务杠杆之间关系表现出多样性。Omer 等（1991）认为，样本中的新兴国家企业主要使用短期债务融资，很少使用长期债务融资，从而表现出很低的负债率，这一现象导致了税收负担与财务杠杆之间关系并不显著。

税收改革为研究税收负担与财务杠杆之间关系提供了机会。王跃堂等（2010）发现，所得税改革后税率降低的企业其负债水平也存在明显的降低，税率提高的企业负债水平明显提高。我国制造业上市公司更加偏向于股权融资，对于这些不能获得债务税盾的企业来说，税前扣除较少增加了企业实际税收负担（李建英等，2015）。企业所得税税率降低，明显地降低了企业的债务水平（林小玲和张凯，2019）。实际税率与财务杠杆的关系与企业税收负担计算方法有关，Gupta 和 Newberry（1997）、Adhikari 等（2006）均发现，用不同方法计算公司实际税率，公司实际税率与财务杠杆之间表现出不同关系，既可能是显著负相关，也可能不存在显著的相关性。目前，对实际税率与财务杠杆关系的研究还仅仅是立足于利息可以税前扣除，在税收负担与财务杠杆负相关这一逻辑之上，没有考虑债务契约约束等行为因素对税收负担的影响。

2.1.2.3 资本密集度和存货密集度

资本密集度和存货密集度在很大程度上代表企业的资产特征。企业的资产特征影响盈利能力、非债务税盾等。由于税法规定折旧和摊销可以税前扣除，资本密集度（年末固定资产净额除以年末资产总额）越高，有效税率越低。存货密集度（年末存货除以年末资产总额）与资本密集度存在关联性，存货密集度对企业有效税率也存在影响。Gupta 和 Newberry（1997）、Derashid 和 Zhang（2003）、Richardson 和 Lanis（2007）均发现，企业有效税率与资本密集度显著负相关。Adhikari 等（2006）发现，无论如何计量有效税率，有效税率与资本密集度均显著负相关。王延明（2003）发现，我国企业有效税率与资本密集度负相关。曹越等（2017）发现，企业的税收负担与资本密度呈显著负相关关系。即资本密度越高的企业，税收负担越小。资本密度影响企业税收负担主要通过折旧等非债务税盾实现。企业的固定资产占比越高，当年计提的折旧越多，企业的应纳税所得额就会越少，税收负担就会降低。但 Miao 等（2009）发现，有效税率与资本密度并没有表现出显著相关关系。学者们对有效税率与存货密度之间关系的认识也不一致，Gupta 和 Newberry（1997）、Richardson 和 Lanis（2007）发现，企业有效税率与存货密集度显著正相关，但 Derashid 和 Zhang（2003）、Adhikari 等（2006）均没有发现有效税率与存货密集度之间存在显著相关关系。

2.1.2.4 成长机会与盈利能力

成长性是企业的重要特征，规模小的企业成长性高，成长性具有丰富信息含量。成长机会与盈利能力会影响有效税率，企业投资模式和获利能力是导致同一行业不同年度税收负担存在显著差异的重要原因。Spooner（1986）认为，企业税收负担与投资机会（用市值账面比表示）正相关。Omer 等（1991）发现，对于采用累进税制的国家来说，企业税收负担与投资机会之间存在正相关关系，但

Adhikari 等（2006）没有发现企业税收负担与投资机会之间存在显著相关关系。对于税收负担与盈利能力的关系，Omer 等（1991）发现，盈利能力是决定有效税率的重要因素。Zimmerman（1983）认为，企业的盈利能力越强，就会有更多的应税收入，因而企业税收负担与盈利能力正相关。Spooner（1986）认为，经营结果为净损失的公司支付很少的税或者不支付税，因此有效税率应当与盈利能力正相关。Miao 等（2009）发现，盈利能力越强，公司有效税率越高。但李建英等（2015）通过调查 2006～2014 年我国 A 股上市公司制造业公司发现，制造业中盈利能力强的高新技术企业，更容易获得税收优惠，从而具有更低的实际税收负担。但 Derashid 和 Zhang（2003）认为，有效税率与总资产收益率或市净率的关系与有效税率计算方法有关，但效率高的公司支付的有效税率低。Adhikari 等（2006）发现，无论如何计量有效税率，有效税率与总资产报酬率显著负相关，但王延明（2003）发现，我国企业有效税率与资产报酬率不存在显著相关关系。大量经验研究并没有就公司特征如何影响税收负担取得一致的结论。

2.1.3 税收特征与税收负担

税收凸性会影响税收负担，处于高边际税率阶段的企业税收负担可能比较高。Sarkar 和 Goukasian（2006）研究了税收凸性（累进税）对企业税收负担的影响，发现税收凸性越强的企业，税收负担越重。并且，税收凸性影响企业和政府间的税务风险分担，并进一步影响了企业投资的进入和退出决策。如果投资初始成本较小，则增加凸性会抑制企业投资；反之，降低凸性会促进企业投资。Babenk 和 Tserlukevich（2009）研究了税收凸性如何影响税收与股票期权之间的关系。研究发现，如果税收函数是线性的，税收就会独立于薪酬结构。税收凸性为股票期权带来税收好处，相对于固定薪酬，税收凸性越强的公司，股票期权带来的税收优势越大。陈艳艳和郭然（2017）实证研究发现，税收凸性与股票期权的授予显著正相关，而股票期权的授予又与纳税所得显著负相关，验证了上述结论。

尽管税收好处并不是授予股票期权的唯一激励因素，但 Babenk 和 Tserlukevich（2009）发现，税收凸性越强的公司，会授予更多的股票期权。在数量相同的固定工资和股票期权假定下，用现金支付工资会增加企业税收负担。Babenk 和 Tserlukevich（2009）发现，在总薪酬不变的情况下，实施股票期权的公司中有75%的公司税收支出会减少。股票期权除了直接带来税收好处，更多地采用股票期权进行支付能够减少支付给员工的现金，降低企业的人工成本，提高净利润，从而更容易获得债务融资。它还间接地通过提高盈利公司的负债能力带来税收好处。Hanlon 和 Shevlin（2002）研究发现，除折旧等项目之外，股票期权建立了一个巨大的非债务税盾，股票期权能够降低实际税收负担，税收优惠直接进入股东权益，但并没有降低财务报表中报告的税收。Graham、Lang 和 Shackelford（2004）研究了2000年标普100和纳斯达克100的企业后发现，因股票期权减少而带来的税收减免高达100亿美元，并且实施股票期权会降低企业边际税率，但边际税率降低会降低企业负债的激励。

2.2 税收与企业投融资行为

2.2.1 税收与企业融资

2.2.1.1 税收与企业融资

税收在经典理论里往往被视为一种摩擦因素，如资本资产定价模型的前提假定之一就是没有税金。Miller 和 Modigliani（1958，1961）提出，在一个无摩擦世界，公司融资决策是无关的（MM 理论）。无税收情况下，MM 理论认为在均衡状态下，融资决策不会影响公司价值，因而公司价值等于经营现金流的现值。MM 理论是在若干前提假定条件下得出的，它们分别是不存在企业所得税和个人所得税、没有交易成本、不存在信息不对称、完全契约以及完备市场。自 MM 理论诞生以来，学者们持续在探索放松原有假定，引入不完美条件时，融资决策与公司价值的相关性。在存在不完美因素情况下，企业的融资决策可能会影响企业价值。不同融资决策的成本约束和收益存在差异，根据规模收益递减规律，企业在实施某一融资决策时，经济决策应该是该种融资决策的边际成本等于边际收益。而税收会影响到公司融资行为的边际收益，税收对企业边际收益的影响与税率、非债务税盾、企业发生亏损的可能性以及企业组织形式等因素有关。

公司金融理论中，税收对企业融资的影响主要体现在权衡理论。由于债务利息可以税前扣除，形成债务税盾，增加负债和提高税率都可以直接增加债务税盾。权衡理论认为，高税率能够增加负债带来的好处。当所得税税率提高时，企业会增加债务融资，从而提高债务比率。税收对企业融资行为和投资行为影响可能存在非对称性。Heider 和 Ljungqvist（2015）研究发现，在增加税收的情况下，企业会提高杠杆，但在税收降低的情况下，杠杆变化不明显。Mukherjee 等（2017）发现，税收对于企业创新的影响也不是对称的，税收增加会抑制未来创新，但税收降低同等程度对企业创新却没有明显影响。Givoly 等（1992）、Graham 和 Tucker（2006）发现，企业所得税和非债务税盾均会影响企业资本结构决策。但非债务税盾对债务税盾产生替代作用。Givoly 等（1992）认为，美国 1986 年的税法改革，一方面，不仅去掉了一些企业享有的非债务税盾，使债务税盾对企业的吸引力变大；另一方面，还降低了企业所得税税率，从而降低了债务税盾对企业的价值。除了企业所得税，个人所得税对企业负债也会产生影响。Givoly 等（1992）发现，不仅企业所得税会影响企业资本结构决策，个人所得税也会影响企业资本结构。对于投资者，由于股利是税后支付，而利息是税前扣除，通过降低个人或者企业所得税税率，就会缩小企业权益融资与债务融资之间的差异。1986 年的税法改革从企业和投资者两方面改变了经营者所面临的税收环境。Buettner 等（2009）以德国的跨国企业为样本，发现所得税税率越高，企业不仅提高外部融资，而且提高内部融资。利用内部融资可以降低投资者个人所得税，内部融资成为多国企业利用债务税盾好处的有力工具。余明桂等（2016）认为，税收减免向外界传递积极信号效应，能够通过金融市场机制吸收更多的外部融资。林小玲和张凯（2019）认为，减免企业所得税能够增加企业的内源性融资，有利于提高全要素生产率。

2.2.1.2 税收特征与企业融资

学者们探讨了税收特征本身对于企业融资行为的影响,其中一个主要的特征是税收凸性(Convexity)。税收凸性指边际税率随着收入的增加而提高。税收凸性对企业决策具有广泛影响,如 Berle 和 Means 早在1932年就已经注意到累进税制对美国企业所有权分散特征的形成发挥了重要作用。Graham 和 Smith（1999）认为,税收凸性主要源于国家对利润和损失的非对称性征税,并发现应税收入波动性越强以及应税收益接近0的企业,税收凸性越强。Babenk 和 Tserlukevich（2009）认为,近期发生损失的企业、应税收益波动性大的企业以及应税收益序列相关性低的行业,税收凸性越强。Babenk 和 Tserlukevich（2009）也发现,企业实施股票期权会增加税收凸性。Sarkar（2008）认为,折旧费用、研发支出以及投资抵税等非债务税盾因素,导致企业难以及时地利用损失的抵税作用,进一步增加税收凸性。

违约决策（Default Decision）和杠杆决策（Leverage Decision）是公司金融研究的两个重要问题。税收导致企业现金流出,但债务税盾缓解了税收引起的现金流出影响,从而刺激企业增加债务,债务增加会提高企业违约的可能性。Brennan 和 Schwartz（1978）、Leland（1994）构建的结构化或有要求权模型（Structural Contingent Claims）成为研究企业违约决策和杠杆决策的有力工具。然而这些模型,要么忽略了税收影响,要么没有考虑税收凸性问题。由于税收系统对损失和利润征税的税率不同,税收系统对待损失和利润的非对称性直接导致税收的非线性特征。虽然税收线性假定为理论分析带来方便,但实际税收是非对称、非线性并且呈现凸性（Convex）。税收凸性对企业决策产生重要影响。税收凸性意味着政府对利润征税时适用高税率,但企业亏损时以低税率进行税收返还,导致企业负债的吸引力下降,从而会降低最优杠杆率。税收凸性也降低了企业对容易亏损项目的投资积极性,抑制企业继续经营亏损项目的热情,从而提高企业最优违约门槛。Graham、Lang 和 Shackelford（2004）发现,实施股票期权会降低企业边际税率,但边际税率降低会降低企业负债的激励。Sarkar（2008）使用或有要求权模型研究发现，累进税（税收凸性）降低了最优杠杆。显然，税务政策通常改变税收的凸性特征，税收凸性反过来又影响企业融资决策。

2.2.2 税收与企业投资

目前学术研究主要集中在纳税问题如何影响企业投资方面，专门分析纳税如何影响研发投资的文献还很少，但对创新投资和一般实物投资的分析适用类似的模型（Lokshin 和 Mohnen，2012）。投资活动受到融资状况影响，税收优惠促进投融资的效果在国有企业中更为明显，而在中小型私有企业中税收优惠促进投融资的效果并不显著（于海珊和杨芷晴，2016）。

2.2.2.1 新古典税收激励理论

自熊彼特假设以来，如何激励企业创新投资一直是学术界和实务界关注的重点问题。投资是经济增长和企业价值的源泉。税收能够改变投资行为已经成为政策制定者和经济学家的坚定信念（Hall 和 Jorgenson，1967）。税收激励企业投资这一观点并不是源于经验证据，而是基于追求利益的企业在成本较低的情况下，会更多地进行投资这一朴素认识。因为税收的数量（Amount）、征税时机（Timing）以及税收支出的不确定性和税收减免都会影响到项目净现值，税收从多个方面影响企业投资决策。税收激励也会潜在地与财务报告效应相互作用，从而影响投资决策。新古典投资理论（Neoclassical Theory of Investment）在投资的边际收益超过边际成本规则下研究税收与投资的关系，主要集中在税收如何影响资本成本这一问题。Hall 和 Jorgenson（1967）认为，公司税增加了投资成本，但折旧因素和投资抵税（Investment Tax Credits）会降低投资成本。Hall 和 Jorgenson 认为，投资成本是权益资金要求收益率、债务资金要求收益率以及这些收益率对税收调整的函数。Vartia（2008）认为，税收对行业水平的投资具有负面影响，特别是企业所得税通过增加成本从而降低投资[①]。娄贺统和徐恬静（2008）认为，

[①] 公司所得税和个人所得税对投资、融资以及股利政策具有重要影响。税收通过改变要素价格和经济活动的市场收益，从而改变家庭劳动供应、企业投资决策和雇佣决策，降低要素分配效率和生产率，进而影响单位资本GDP。

公司的应税所得中,一部分应视为对公司股东从事风险投资的回报,因而公司税负中有一部分就相应地理解为对企业承担风险的课税。公司税负越重,公司从事高风险投资的积极性越低。税负的增加提高了投资成本,从而降低了企业的投资积极性(樊勇等,2018);反之,税收负担的降低能够有效降低投资成本从而刺激企业的创新投资。基于这一认识,税收激励通过降低企业税收负担激励企业从事高风险的创新活动。除此之外,税收政策能够有效改变投资水平、投资时机和投资组合的构成。Hall 和 Jorgenson 认为,美国 1954 年的加速折旧激励政策对于投资具有实质性影响(Substantial),加速折旧激励政策导致企业从设备投资转向建筑投资。而 1962 年的设备投资抵税政策导致企业投资由建筑投资转向设备投资。

2.2.2.2 税收特征与企业投资

税收影响企业研发投入表现出多维度性,除了税收负担水平影响企业研发投资行为,由于税收函数特征影响边际税率,进而影响边际投资成本,企业面临的税收函数特征(纳税额与利润之间的关系)也会影响企业研发投资行为。

(1)税收累进性与企业投资。企业的税收函数特征主要表现为累进性,即边际税率随着收入的增加而提高。Graham 和 Smith(1999)发现,企业税收函数呈非线性特征(表现为凸函数),即税收具有累进性。Graham 和 Smith(1999)还发现,税收累进性主要源于对企业利润和损失的非对称性征税,应税收入波动性越强以及应税收益接近 0 的企业,税收累进性越强。Babenko 和 Tserlukevich(2009)认为,近期发生损失的企业、应税收益波动性大的企业以及应税收益序列相关性低的行业税收累进性较强,实施股票期权也会加大企业税收累进特征。除此之外,Sarkar(2010)认为,折旧费用、研发支出以及投资抵税等非债务税盾因素,导致企业难以及时、有效地利用损失的抵税作用,会增加税收的累进性①。

---

① 公司所得税和个人所得税对投资、融资以及股利政策具有重要影响。税收通过改变要素价格和经济活动的市场收益,从而改变家庭劳动供应、企业投资决策和雇佣决策,降低要素分配效率和生产率,进而影响单位资本 GDP。

税收累进性对企业行为具有广泛影响，如 Berle 和 Means 早在 1932 年就已经注意到累进税制有力地促进了美国企业所有权分散化。学者们探讨了税收累进性对于企业（研发）投资行为的影响。Gentry 和 Hubbard（2000）认为，税率高低和累进税都会改变企业风险行为，基于经营结果的非对称性税收不利于激励企业冒险行为。Sarkar 和 Goukasian（2006）发现，累进税会降低企业冒险行为。累进税削弱企业冒险倾向从而不利于企业研发投资。

MacKie-Mason（1990）以及 Sarkar 和 Goukasian（2006）研究了税收累进性对无杠杆公司投资的影响。Sarkar 和 Goukasian（2006）研究了累进税对企业投资行为的影响，发现税收累进性会通过提高投资门槛产生延缓投资的效果，累进税也会提高企业退出项目的门槛，从而加快企业退出项目的过程。税收累进性越强，导致企业越早退出投资项目。税收累进性会改变清算临界点与股东—经理人代理冲突之间的关系。Agliardi 和 Agliardi（2008）发现，在线性税收情景下，股东与经理人之间的代理冲突并不影响项目清算临界点，但在累进税环境下，股东与经理人之间的代理冲突会影响项目清算临界点。Wong（2009）发现，在累进税环境下，当减免税的门槛降低或者所得税税率增加时，项目清算的门槛会提高。因而，累进税会通过影响投资门槛影响全社会研发投资总量。Heathcote 等（2017）认为，税收累进性减少了对工作和技能的投资激励，并加剧了相关公共部门的外部性特征。

（2）税收激励会调节投资与累进性税收之间的影响关系。Alvarez 和 Koskela（2008）发现，在不确定性情况下，累进税对投资的影响效果取决于税收减免程度是大于还是小于沉没成本。如果税收减免程度小于沉没成本，高税率会提高投资门槛，不利于资本（研发）投资。如果税收减免程度大于沉没成本，在市场波动较为剧烈的情况下，最优投资门槛与税率负相关，而在中等或者低的市场波动情况下，最优投资门槛与税率不相关。

在累进税环境下，税收可能通过权益价值影响股东研发投资的积极性。Sarkar（2008）认为，在累进性税收情况下，权益价值受到企业位于税收哪一边际税率阶段的影响。税收累进性也可能通过影响企业融资进而影响企业投资，税收累进性意味着损失对应的税率低,利润对应的税率高。税收累进性降低企业负债的积极性,从而会降低最优杠杆率。Sarkar(2008)使用或有要求权模型(Contingent Claim Model)研究发现,累进税降低了最优杠杆。累进税也降低了企业经营亏损项目的激励,累进税不仅降低对容易亏损项目的投资,也提高了企业最优违约门槛。在累进税情景下,如果存在债务融资,企业更容易发生违约,从而不利于投资。Graham等发现,实施股票期权改变了企业税收的累进特性,降低企业边际税率。笔者认为,边际税率降低会降低企业负债的激励,可能不利于企业扩大投资。Cullen和Gordon(2006)认为,税收系统对利润和损失的任何非对称性的有利和不利处理,都会对具有高风险特征的创新活动产生重要影响。Cullen和Gordon(2010)发现,美国的创新中心(如Boston、Minneapolis、San Diego和Silicon Valley)都是个人所得税税率比较高的地区。实际上,在美国税制下,高个人所得税税率反而有助于企业创新。在美国税制下,如果是非公司领域产生的损失,可以从个人所得中税前扣除,达到节省税的目的。而在公司领域实现的利润面临的边际税率比较低。相对于利润来说,损失(Loss)的处理对纳税人更加有利,这样企业可以在战略上选择组织形式来最小化纳税义务。

(3)税收不确定性与企业投资。税收不确定性和税收凸性同为税收重要特征,学术界对税收不确定性的研究源于20世纪70年代。Hassett和Metcalf(1999)认为,税收政策是企业面临不确定性的重要来源。Niemann(2011)认为,税收立法部门、税务当局以及税收法庭通过税收改革或者对税收法律的不同解释都会增加税收不确定性。税收改革导致纳税人和会计系统采用新的方法或者税率计算税收,带来税收不确定性问题。一般认为,政策不确定性会抑制投资,如Agliardi(2001)在税收不影响折现因子假定下,使用离散跳跃过程刻画投资抵税政策不确定性,发现税收政策不确定性不利于投资。Edmiston(2004)使用欧盟、美国和日本等15国的数据研究发现,有效税率波动性对单位人工资本投资具有显著负的影响。政治不确定性(包括不连续的税收变化)会抑制FDI决策。我国学者也对税收不确定性与企业投资进行了相关的研究。龚旻等(2017)

发现，我国税收制度缺乏稳定机制，税收征管制度不完善，存在过度竞争的现象，导致我国税收政策环境呈现高度的不确定性。经济政策的不确定性显著抑制了中国企业的投资活动（李凤羽和杨墨竹，2015）。

许多投资模型也得出了不确定性会增加投资的结论。Weiss（1976）研究了随机税对税务规避行为的影响，认为税收不确定性在一定程度上对社会是有益的。Mackie-Mason（1990）发现，比例折耗税前扣除政策有利于提高矿山价值，鼓励企业尽早关闭一些边际利润仍然为正的项目。如果没有比例折耗税前扣除，对称并且线性的税收对于投资没有影响。在确定和非线性税收情况下，比例折耗税前扣除会降低资产价值并抑制投资。但在引入不确定性后，企业所得税能够分担等待价值（Value of Waiting）的风险从而有利于鼓励投资。Hassett 和 Metcalf（1999）利用几何布朗运动刻画产品价格运动过程，具体研究了投资抵税的不确定性对总投资的影响，发现具有连续时间随机游走特征的税收不确定性倾向于延缓投资，但具有泊松跳跃特征的税收不确定性会增加资本存量。这一研究结果说明，税收不确定性对投资的影响取决于这种不确定性是否具有均值翻转特征。Alvarez、Kanniainen 和 Soedersten（1998）在折现率不受税收影响这一假定下，发现在企业面临税收改革但税收改革内容和时机不确定时，如果预期税率降低，会激励企业投资，但预期税基降低，会抑制投资。Niemann（2004）假定税基和非税参数确定，在风险中性或风险规避情况下，研究发现，税率不确定性增加对投资的影响是模糊的，这种影响取决于投资项目现金流结构和资产所使用的具体折旧政策。陈德球等（2016）发现，税收政策的不确定性会增加企业的税收规避行为，而税收规避的目的是使企业的投资收益最大化，因此从管理层决策视角，企业的税收规避行为可以被认为是一种投资行为（申慧慧等，2010）。

自 2000 年以来，实物期权理论被用来研究税收不确定性的影响。Böhm 和 Funke（2001）发现，投资对税收不确定性变化的敏感性非常小，说明税收不确定性对投资的影响非常小。Agliardi（2001）发现，投资抵税政策不确定性如果具有跳跃离散规律，它会延缓投资。Niemann（2011）使用实物期权模型，分析了随机税对投资行为的影响,发现投资者拥有一个不可逆投资项目的投资选择权,该不可逆投资项目产生随机现金流。为了刻画税基和税率不确定性对投资的影响,模型用一个随机过程代表企业税收,研究发现,税收不确定性增加对投资时机的影响并不明确,研究结果并不支持税收不确定性会抑制投资这一论点。但预期的高税收负担会抑制投资。

2.2.3 税收与企业冒险行为

税收结构会改变资本流动方向,税收可能激励资本投资于风险更大的项目或者相反的项目,从而对投资行为产生激励或者扭曲。税收降低投资项目的收益,但税收对于企业冒险行为影响的研究却比较少。传统观点认为,税收会抑制企业冒险行为。Sandmo(1989)认为,对风险资产收益征税,会抑制冒险行为。Watson(1992)在一个包括储蓄和投资的动态组合框架下,发现在某些条件下,税率不确定性会抑制冒险行为。

税收可能通过多种方式影响企业冒险行为,其中之一就是政府通过税收系统发挥风险分担功能,政府税收系统通过向收益征收随机税而分担风险(Mossin,1968;Stiglitz,1969)。金融市场的逆向选择行为降低了外部投资者的风险分担激励,税收系统免费地提供了备选的风险分担方式。风险分担越多,企业家要求的风险溢价越低,越会增加企业家的冒险行为。Domar 和 Musgrave(1944)假定投资者的效用是收益的增函数,是风险的减函数,基于平均收益和期望风险,从理论上分析了在不同情况下,征税对于投资收益和投资风险的影响以及投资者对于这些变化的反应。在投资损失不能抵税的情况下,投资者承担所有损失。税收降低了收益,但是风险没有变化,因而则单位风险带来的收益降低。此时,冒险的吸引力就会降低,投资者不愿冒险。如果损失能够完全抵税,风险和收益同时以税率速度降低,则单位风险带来的收益不变。如果损失只是部分抵税,收益降低的速度高于风险,单位风险带来的收益就会降低。企业创新是具有高度风险性的活动,无论是科技创新还是文化创新,都会面临"市场失灵",而政府税收激励的介入可以在一定程度上分担这种风险(高凤勤等,

2019）。

除了税率高低，学者们还探讨了税收特征对于企业冒险行为的影响。Gentry 和 Hubbard（2000）认为，税率高低和税收凸性都会改变企业风险行为，因为税收取决于经营结果，税收系统为企业冒险行为提供了保险，但基于经营结果的非对称性税收不利于激励企业冒险。Gentry 和 Hubbard（2004）研究发现，即使投资者是风险中性的，税收对冒险行为也会产生影响。如果个人所得税的边际税率是应税收入的增函数，企业家的经营损失为其带来的税收节省则很少，但其利润确要承担较大税负。在累进税率情况下，随着项目的风险增大，风险中性的投资者要求较高的税前预期收益以补偿预期的较高税收负担，这样累进税就抑制了企业家冒险行为。Sarkar 和 Goukasian（2006）研究了税收凸性对企业冒险行为的影响，发现税收凸性会降低企业冒险行为。

Cullen 和 Gordon（2007）认为，当前税收影响冒险行为的研究没有考虑到企业组织形式所发挥的作用。税收可能通过很多潜在的机制影响个人去承担风险，其中之一就是企业所得税与个人所得税税率之间存在的差额，这种差额为企业家带来缴纳企业所得税还是个人所得税的选择权。如果企业所得税边际税率低于个人所得税边际税率，如果项目具有利润，企业家会以公司的形式经营该项目；相反，如果是项目亏损，企业家会选择以独资方式经营项目，项目带来的亏损可以从个人其他收入中抵扣。即使在税率不变的情况下，这种基于经营结果的事后选择组织形式的选择权成为降低有效税率的一个重要途径，从而有利于企业冒险行为。目前，税收对冒险行为影响的研究主要是在组合投资的框架下，代理人控制连续的风险选择变量，代理人通过调整投资于安全资产和风险资产的比例来最大化其效用函数。而 Sandmo（1989）认为，税收与冒险行为之间的关系与具体情景因素有关，不能片面地得出税收激励冒险行为或者税收抑制冒险行为这样简单的结论。

2.3 企业创新活动的税收激励

创新政策目的是促进企业将新创意开发为商品、过程以及组织技术。税收激励通过多个维度影响创新,税收也会影响跨国公司的创新活动。税收会影响跨国公司决策在哪一国进行创新活动,在哪一国申请专利以便获得稳定收益。税收会影响跨国公司在哪里投资生产产品。税收和税收激励国影响企业更多地追求创新活动。对于个人来说,个人在面临税收激励时是否有动力成立企业从事创新活动或者从事风险更大的创新活动。Klemm 和 Parys(2012)基于非洲(African)、拉丁美洲(Latin American)和加勒比海(Caribbean)国家 1985~2004 年面板数据,应用空间计量技术研究了是否采用税收激励进行税务竞争,发现这些国家除了进行企业所得税税率竞争,而且企业所得税税率和免税期存在交互作用。应用计量技术发现,在拉丁美洲和加勒比海地区国家,企业所得税税率越低和免税期越长对外国直接投资激励效果越明显,但在非洲并非如此。本部分就税收激励创新活动效果以及存在的问题进行综述。

税收激励通过提高创新主体的私人收益,降低外部性和高风险对创新投资带来的影响,从而有利于企业创新。企业研发活动在一定程度上具有公共品性质,将面临市场失灵问题。税收激励政策能够提高技术创新预期收益,进而弥补创新过程中的市场失灵,Lund(2002)通过建立理论框架研究发现,在不同税收激励下,企业和税务当局的风险分担模式存在差异,因而税收激励会影响期望税后收益。Mamuneas 和 Nadiri(1996)认为,税收激励政策通过降低市场失灵的影响、分担创新活动风险从而带动企业层面的研发投资。娄贺统和徐恬静(2008)认为,税收激励政策可能降低研发投资的财务风险。Klassen 等(2004)认为,税收激励政策有利于促进企业技术创新活动。税收激励效果存在争议,税收激励企业创新的效果评价成为学术界关注的重点问题。

2.3.1 税收激励企业创新活动效果评价

税收激励政策实施效果评价是税收激励政策优化的前提，国外学术界使用 B 指数模型衡量税收激励强度，一些学者也使用经验研究方法揭示税收激励对企业创新的激励效果。

2.3.1.1 CES 方法

政府支持 R&D 投资政策实施效果评价往往以成本效益权衡分析为基础。Russo（2004）认为，从社会计划者视角看，财政激励政策（项目）带来很大浪费的可能性。Lokshin 和 Mohnen（2013）认为，以研发投入水平为基础的财政激励项目成本高昂，并试图量化由现在和未来的 R&D 投资和税收流失（Tax Receipts Forgone）引起的无谓损失。这些模型基本假定企业的 R&D 投资需求与其价格（资源占用成本）负相关。政府通过实施税收激励降低 R&D 投资价格从而激发企业向较高水平的 R&D 投资进行部分调整。

根据对企业 i 在 t 期的生产函数的 CES 估计，Lokshin 和 Mohnen（2013）推导出计量模型以估计企业 R&D 投资对其价格弹性。$Q_{it} = F(K_{it}, X_{it}) = \gamma [\beta K_{it}^{-\rho} + (1-\beta) X_{it}^{-\rho}]^{-\frac{v}{\rho}}$，其中，$Q_{it}$ 为产出，K_{it} 为期末的 R&D 投资存量，X_{it} 为别的投入，γ 为规模因子，β 为分布参数，v 为规模收益。如果不考虑调整的滞后效应，长期 R&D 投资存量最大化利润是产出和占用成本的函数。

西方国家早期的经验研究为创新投入抵税激励政策的效果提供了证据，如 Mansfield 和 Switzer（1985）等发现，创新投入抵税激励政策并没有有效促进企业的 R&D 融资。随后的研究发现，企业 R&D 投资对税后价格非常敏感。Hall（1993）应用美国的数据发现，税收价格弹性大约等于 1。Mamuneas 和 Nadiri（1996）基于行业和国家层面的数据研究得出了相似的结论。这些研究说明，创新投入抵税激励政策有效促进企业的 R&D 活动融资。上述研究都没有考虑企业规模对税收激励效果的影响。税收激励方式受到企业特征的影响，如 Tadahisa Koga（2003）基于日本制造业 1989～1998 年近 10 年的数据，对所有公司估计发

现税收价格弹性为 -0.68，而对大企业估计税收价格弹性为 -1.03，说明 R&D 投资抵税政策在激励大企业创新投资方面更有效。在稳态条件下，假定生产函数为 CES 生产函数，根据利润最大化的一阶条件，Tadahisa Koga（2003）使用模型 $r_{it} = \beta y_{it-1} - \gamma \rho_{it-1} + f_i + t_t + u_{it}$（其中，$i$ 为企业，t 为时间，r_{it} 为企业 R&D 投资支出的自然对数，y_{it-1} 为销售额的自然对数，ρ_{it-1} 为 R&D 使用成本对数）。使用成本由供给方决定，而销售额由需求方决定。年度哑变量消除宏观经济波动的影响。除了销售额，企业 R&D 投资可能还受到企业特征和使用成本的影响，模型中使用固定效应 f_i 代表企业特征影响（企业特征影响不随时间变化）。模型中的使用成本和销售额均使用滞后一期数，主要是为了降低因变量和自变量同时决定问题的影响。除此之外，R&D 使用成本还可能存在计量错误，估计中也使用成本中的税收成分作为工具变量。

CES 方法最重要的一点在于计量 R&D 使用成本。这一方法的目的是推导出边际项目投资的税前真实收益率，这一边际投资项目需要赚取最低的税后收益率。最低税后收益率是税收系统、经济变量以及 R&D 支出的税收处理方法的函数。考虑一个利润最大化的企业在第一期增加一个单位 R&D 存量，在第二期处置该单位 R&D 资产。税收系统从两个方面影响该投资的成本：第一，该投资获得的收入需要缴纳所得税，税率为 t；第二，投资成本以折旧费用和投资抵税方式减少。假定折旧费用以余额递减方式计算，折旧率为 ϕ_t，在第一期折旧费用的价值为 $\tau_t \phi_t$，随后一期资产的价值降为 $1 - \phi_t$ [折旧变为 $\phi_t(1-\phi_t)$，折旧费用的价值为 $\tau_t \phi_t (1-\phi_t)$]，则折旧费用价值的净现值为 $A_t^d = \tau_t \phi_t + \frac{\tau_t \phi_t (1-\phi_t)}{1+r_t} + \frac{\tau_t \phi_t (1-\phi_t)^2}{(1+r_t)^2} + \cdots = \frac{\tau_t \phi_t (1+r_t)}{\phi_t + r_t}$。类似计算投资抵税的净现值 A_t^c，影响 A_t^c 的最重要因素包括：①抵税是适用于 R&D 总支出还是增量 R&D 支出；②如果是增量 R&D 支出，增量如何计算；③投资抵税额度有没有上线（Capping Rule）。在完美可预测（Perfect Foresight）和不存在税收枯竭（No Tax Exhaustion）的假定下，增量抵税额（增量的基准为 k 期的移动平均值）的净现值 A_t^c 可以表示为 $A_t^c =$

$\tau_t^c [B_t - \frac{1}{k} \sum_{k}^{i=1} (1+r_t)^{-i} B_{t+i}]$,其中,$\tau_t^c$ 为所得税税率,B_{t+i} 为示性变量(如果第 t 期 R&D 支出大于基本 R&D 支出,B_{t+i} 取 1,否则为 0)。

R&D 使用成本的计算方法与税收激励方式相关,R&D 支出包括各种成分,具体包括研发人员工资、材料成本、机器设备成本、折旧成本和其他费用。税法对不同成本处理存在差异。以日本的投资抵税税收政策为例加以说明。日本在 1967 年引入以增量为基础的投资抵税激励政策。如果企业某年的 R&D 投资支出超过"可比 R&D 投资支出",则企业享受投资抵税激励,抵税金额为 R&D 投资支出超过"可比 R&D 投资支出"部分的 20%。可比的 R&D 投资支出为以前年度 R&D 投资支出的最大值,而抵税的上限为企业所得税的 10%。1999 年 4 月,日本对投资抵税规则进行了修订。企业某年的 R&D 投资支出只有同时超过"可比 R&D 投资支出"和"基本 R&D 投资支出"才能享受增量投资抵税激励。"基本 R&D 投资支出"定义为过去两年的 R&D 投资支出的最大值,"可比 R&D 投资支出"定义为过去 5 年中最大的三年 R&D 投资支出的平均值。抵税金额等于当年 R&D 支出与"可比 R&D 投资支出"之间差额的 15%,抵税的上限为所得税的 12%。

当期支出包括工资、材料成本和别的费用,这些成本当期直接冲销。机器设备和土地使用税法规定的折旧率进行折旧,当期费用在 R&D 费用占 R&D 支出的比例为 w_1,设备所占的份额为 w_2,建筑所占的份额为 w_3。R&D 使用成本为这三项成本的加权平均值,表示为 $\rho_{it} = \sum_{j=1}^{3} w_j \rho_{it}^j$(按照 1991 年 OECD 的标准,当期费用权重为 0.9,机器设备权重为 0.064,建筑物权重为 0.036),而其中每一成分定义为 $\rho_{it}^j = \frac{[1-(D_{it}^j+C_{it}^j)]}{1-\tau_t}[r_t+\delta]$,其中 r_t、δ 和 τ_t 分别为折现率、经济折现率(陈旧率)和所得税税率。按照 1991 年 OECD 标准,当期费用的经济折旧率为 30%,机器设备的折旧率为 12.64%,建筑物的折旧率为 3.61%。D_{it}^j 为折旧费用的现值,估计中假定折旧费用使用余额递减法(Declining Balance Basis),折旧

率为 ϕ^j，则 $D_{it}^j = \dfrac{\tau_t \phi^j (1 + r_t)}{\phi^j + r_t}$。如果仅仅在 R&D 投资超过以前年度最大 R&D 投资时才能投资抵税，投资抵税的现值 C_{it}^j 可以表示为 $C_{it}^j = \tau^c \left[1 - \dfrac{1}{(1 + r_t)^k} \right]$，如果某年 R&D 支出超过以前年度的最大值，每单位的 R&D 支出可以抵税 τ^c，同时在增量抵税下，当年获得投资抵税相当增加了未来投资抵税的基础，构成了当年抵税的一项成本。如果随后一年 R&D 支出超过当年，则该成本可以表示为 $\tau^c [1/(1 + r_t)]$。如果在随后的第 k 年的 R&D 支出超过当年，则该成本表示为 $\tau^c [1/(1 + r_t)^k]$。工具变量为使用成本中的税收成分，表示为 $\rho_{it}^T = \sum\limits_{j=1}^{3} \dfrac{1 - (D_{it}^j + C_{it}^j)}{1 - \tau_t}$。

2.3.1.2 B 指数模型

B 指数模型（B – index Model）主要是基于边际有效税率、计量不同地区税收激励的相对吸引力，即反映税收激励的慷慨程度。B 指数模型主要反映边际 R&D 投资产生的收入的税收负担。在该指数的构建过程中，存在两个基本假定：①不存在税务枯竭（Tax Exhaustion），即企业在当年有足够的应纳税所得额来主张其 R&D 税收激励好处；②不存在向前结转（Carry – forward）和向后结转（Carry – back）条款。在不存在税务枯竭的前提下，税收优惠向前结转和向后结转也就失去了意义。除了上述基本假定，为了保证指数的一致性，增强可比性，B 指数模型还对研发支出的构成做了一些技术性假定，包括：①R&D 支出费用化和资本化划分。R&D 支出被划分为费用化支出和资本化支出，具体为平均 90% 的 R&D 支出费用化，平均 10% 的 R&D 支出被资本化。②人工成本假定。R&D 支出的 60% 为人工成本。③资本化支出的构成。资本化支出包括机器设备和建筑物，二者各占一半。④时间价值因素。B 指数模型是以现值形式存在，折现率发挥很大作用，B 指数模型规定折现率为 10%。

B 指数模型表示为 $B = (1 - zu)/(1 - u)$，分子 $1 - zu$ 为单位研发支出的净现值，分母 $1 - u$ 为税后收益，其中，u 为公司所得税税率，z 反映研发支出的所得税处理方法。如果研发支出能够完全在税前扣除，则 $z = 1$，此时 $B = 1$；若投资与固定资产的支出通过折旧方式税前扣除,则 $z<1$,$B>1$;如果存在税收激励,允许扣除金额大于研发投入支出额,则 $z<1$,$B>1$。B 指数模型能够包含所有的税务参数,使用方便,成为政策分析的有力工具。Warda(2001)利用 B 指数比较了不同国家 R&D 税收激励的不同方式。

2.3.1.3 税收激励企业创新效果经验研究

企业所得税升高会降低创新项目现金流的折现价值,这会导致企业放弃一些税前盈利但税后亏损的创新项目,从而阻碍企业创新。国家往往利用税收激励缓解税收带来的影响,但税收优惠政策是否对 R&D 活动产生明显激励? Eisner 等(1983)、Swenson(1992)、Berger(1993)分别通过设置虚拟变量的方式(享受税收优惠的企业为 1,否则为 0),研究发现,税收优惠对 R&D 产生激励作用。Bloom、Griffith 和 Reenen(2002)应用 9 个 OECD 国家 1979~1997 年的面板数据,研究了税收变化对 R&D 支出的影响,发现税收激励能够有效增加 R&D 投入强度。即使在控制了持久性国家特征、世界范围宏观冲击以及别的政策影响后,这一结论也是稳健的。Bloom、Griffith 和 Reenen(2002)进一步发现,R&D 支出成本每降低 10%,短期研发支出水平增长 1%,长期研发投入水平增长 10%。Parisi 和 Sembenelli(2003)的研究表明,研发支出税前扣除通过降低研发资金成本对研发支出有长期影响,研发资金成本每下降 1%,研发支出提高约 1.5% 到 1.8%。税收激励方式受到企业特征的影响,如 Tadahisa Koga(2003)以日本制造业1989~1998 年近十年的数据,研究发现,对所有公司估计,税收价格弹性为 -0.68,而对大企业估计税收价格弹性为 -1.03,说明对于大企业,R&D 投资抵税政策在激励企业创新投资方面更有效。高凤勤等(2019)发现,税收凸性影响了有教育背景的人员的创新活动,税收负担会对创新产生消极的影响。

对于税收激励与企业创新行为之间的关系,Stiglitz(1972)认为,税收激励效果取决于税收激励额度的随机属性、税收激励额度以及税收激励额度进入投资者效用函数的方式。Mukherjee、Singhy 和 Zaldokas(2017)发现,在控制研发投资抵税的情况下,所得税税率增加导致专利数下降 7.7%,在税率增加后,专利重要性(未来专利对该专利的引用数)下降了 7.9%。重要的是,Mukherjee、Singhy 和

Zaldokas(2017)发现,税收对于创新的影响表现出非对称性,虽然税率增加会抑制未来创新,但税率下降对企业创新的促进作用却很小。即使在同一企业内部也是如此,税收增加之后再下降会导致未来创新持续下降。税收对创新的非对称性影响可能是源于企业停止现存创新项目(花费较少的努力和时间)和启动一个新创新项目(需要更多的时间和努力)二者之间的非对称性。这一非对称性能够有效地解释创新投资抵税激励政策产生的激励效果,引入投资抵税在激励企业创新方面效果不一定理想,但如果取消这一政策,却会对企业未来创新带来严重负面后果。朱星文(2018)认为,减免税政策会增加企业内部可用资金,刺激企业增加研发投资。

2.3.1.4 自我报告创新业绩

创新政策评价的一个重要问题就是如何为计量创新业绩。政府资助效果的国际比较本身存在问题。可能的一个创新业绩计量指标是专利数(Griliches,1990),但专利申请仅仅是众多创新保护措施中的一种。小企业和服务领域的企业创新很少申请专利,因此使用专利指标会低估这些领域的创新。另外一个方法是识别和计算明显的创新个数,但缺点是没有一个明显的办法来比较创新的相对重要性,对创新结果进行计数的计量方法具有误导性。自我报告方法很可能是当前可得的最好的中小企业创新业绩计量方法(Foreman – Peck,2013)。创新活动代表了企业的产品或过程进行了最小限度的新的提高(Foreman – Peck,2013)。根据这一定义,创新活动不一定具有盈利能力或者得到市场认可。

2.3.2 创新税收激励政策存在的争议

世界主要国家大多采用税收政策激励企业创新,税前加计扣除和投资抵税是最为常用的两种税收激励手段,但创新支持税收激励政策的实施效果也受到质疑。Hall 和 Reenen(2000)认为,使用税收政策刺激研发投资并不是治愈市场失灵的灵丹妙药。Griffith 等(1995)认为,税收激励在缓解某些市场失灵的同时,也会加重另外一些市场失灵。OECD(1994)的研究报告认为,对于世界各国广泛采用的税前加计扣除政策来说,税前加计扣除项目本身存在界定困难会削弱这一税收激励政策实施效果，企业可能对研发项目进行重新归类以利用税收优惠政策来避税。OECD研究报告同时认为，澳大利亚实施了数十年的R&D投资税前加计扣除政策的效果受到广泛怀疑。对于投资抵税政策来说，经济分析和行业调查均显示美国的研发投资抵税政策所发挥的作用非常小。Tassey(1996)认为，其主要原因包括：第一，许多公司由于没有足够的应纳税所得额，因而并不能完全享受到投资抵税政策带来的好处。第二，投资抵税政策往往设有上限，一些大企业抵扣的金额受到限制。如法国对研发活动的投资抵税规定了上限，使投资抵税政策倾向于支持中小企业。Hall和Reenen(2000)认为，这种上限设置具有专门支持中小企业的倾向。第三，投资抵税的计算基础会扭曲企业研发费用归类行为并会增加税收管理成本。在转型经济中税收政策的变化也会影响企业研发活动的成本。西方国家早期的经验研究为创新投入抵税激励政策的效果提供了证据，如Mansfield和Switzer(1985)等20世纪80年代的研究发现，创新投入抵税激励政策并没有有效促进企业的RD融资。而随后的研究发现，企业R&D投资对税后价格非常敏感。Hall(1993)应用美国的数据发现税收价格弹性大约等于1。这些研究结论说明，创新投入抵税激励政策有效促进了企业的R&D活动融资。上述研究都没有考虑企业规模对税收激励效果的影响。另外，各国政府采用税收优惠政策激励研发投入的前提假定是税收政策确实能够激励企业的研发努力，并且相对于低的研发投入，高研发投入是社会最优的。虽然世界各国研发活动税收支持政策强度越来越大，许多国家也逐渐从直接资助研发活动转向税收支持，但学术界没有研究税收激励对企业行为的扭曲，导致企业在报告研发投入水平过程中存在的盈余管理行为，企业报告的研发投入水平很可能会偏离其真实的研发投入水平，从而带来社会无谓损失问题。

3 企业税收负担计量与现状研究

3.1 企业税收负担计量

本章在分析企业税收负担计量存在的难点基础上，对现有学术界广泛使用的税收负担计量指标进行评价。在税收费用观下，企业纳税构成企业一项费用。根据会计理论的收入与费用配比思想，企业税收负担应当定义为实际纳税额占营业收入的比例，该比例越高，税收负担越重。基于收入与费用配比这一思想，利用资产负债表、利润表和现金流量表等财务报表项目之间的关系和财务报告附注披露的企业纳税相关信息，构建了可靠的企业税收负担计量指标。

3.1.1 企业税收负担计量难点

虽然纳税支出是企业最重要的费用之一，但由于企业层面的税收数据具有一定的保密性，非政府的学者需要基于财务报告构建代表企业税收负担的变量。因此，根据财务报告构建税收负担计量指标本身存在很大困难。

首先，由于会计和税收具有不同目标，税收的费用扣除标准和会计准则规定的利润计算有很大不同，形成税收与会计的永久性差异。会计以权责发生制为基础，而税收强调实现原则，二者在收益和支出确认标准及确认时间上存在的差异，带来时间性差异。这些差异会导致企业某一期间企业利润总额偏离应纳税所得额，因而基于财务报告构建税收负担指标本身在很大程度上受到限制。

其次，我国财务报告列报准则规定企业在利润表中应对费用按照功能分类，分为从事经营业务发生的成本、管理费用、销售费用和财务费用等。亨德里克森（1987）认为，费用功能法不利于报表的阅读者利用这种归类来更好地进行预测。在费用功能法列示下，企业缴纳的税费根据不同功能分别列示在税金及附加和所得税费用之中。虽然企业缴纳的税费构成其费用，但它们分列在利润表不同项目之中，外部报表使用者很难从报表项目中获得企业纳税数据，费用功能法列示直接为计量企业税收负担带来难度。

再次，计量税收负担需要考虑将哪些税收种类包含在内的问题。企业税收费用与其所处的国家的具体税制紧密相关，不同国家的税制结构在很大程度上影响企业的税收负担，同一国家的税收制度也随时间推移处于变革之中。企业税收费用由多种税种构成，如所得税、消费税、增值税、土地使用税以及印花税等。Adhikari等（2006）认为，计量企业税收负担涉及应将哪些税种考虑在内以及会计利润并不代表公司的实际应税所得两个问题。

最后，即所得税，所得税会计包括应纳税会计和纳税影响会计。在应纳税会计下，利润表中所得税费用等于实缴所得税，而纳税影响会计包括递延法和债务法。当前，我国会计准则对所得税采用资产负债表债务法。在这种情况下，利润表中的所得税费用包括当期所得税费用和递延所得税费用，所得税费用与实缴所得税产生背离。所得税费用经过递延税费用调整才等于实际缴纳所得税。

会计与税法目标差异、会计报表对税收信息的功能法列示、所得税会计方法以及税制结构的复杂性直接增加了税收负担计量的难度。合并报表主体与纳税主体的差异等因素也会使财务报告与税务报告之间的关系变得更加复杂。这些因素都会导致基于财务报表构建的税收负担计量指标并不能可靠地代表企业的实际税收负担（Plesko，2003）。虽然如何计量企业税收负担是研究企业税收负担相关问题的关键所在，但是目前还没有一个公认而可靠的企业税收负担计量指标。

3.1.2 企业税收负担计量指标及评价

3.1.2.1 企业税收负担计量指标

美国前会计学会会长井尻雄士(2008)认为,会计学数百年来发展的最大成就在于政府征税必须依赖于会计系统。国家的税收活动主要是依赖会计系统,税务系统基于财务会计报告,在对会计与税收之间的差异调整基础上进行征税。财务报告与税务报告之间存在的这一关系成为学者们构建企业税收负担计量指标的理论基础。数十年来,许多学者尝试基于财务报告建立科学的计量企业有效税率的指标,吴联生(2009)总结了学术界常用的计量企业实际税收负担的四种指标,这些指标定义及应用情况如表3-1所示。

表 3-1 税收负担计量指标及应用情况

指标	指标定义	作者及年份	指标使用情况
1	所得税费用/息税前利润	Porcano, 1986	Richardson 和 Lanis(2007);李明等(2016);席鹏辉等(2017)
2	(所得税费用-递延所得税费用)/息税前利润	Porcano, 1986	Derashid 和 Zhang(2003);吴联生(2009);刘行和李小荣(2012)
3	所得税费用/(税前利润-递延所得税费用/法定税率)	Stickney 和 McGee, 1982	Adhikari 等(2006);Derashid 和 Zhang(2003);吴联生和李辰(2007)
4	(所得税费用-递延所得税费用)/(税前利润-递延所得税费用/法定税率)	Shevlin, 1987	Derashid 和 Zhang(2003);李增福和徐媛(2010);吴联生和李辰(2007);吴文锋等(2009)

表3-1列示的四种企业税收负担计量指标分母均是以营业利润为基础。而Zimmerman(1983)认为,经营利润容易受到会计方法的影响,应用经营现金流可以消除企业会计方法选择对经营利润带来的影响,因此,Zimmerman(1983)提出,使用实际税率=(所得税费用-递延所得税)/经营现金流这一比率计量企业税收负担。Adhikari 等(2006)、Derashid 和 Zhang(2003)在学术研究中使用Zimmerman(1983)的这一指标计量企业税收负担。

我国学者在研究企业税收负担问题时,也对企业税收负担计量问题进行了探讨。周泽将和杜兴强(2012)分别用地区国税收入和地税收入之和除以国内生产总值度量税收负担。周泽将和杜兴强(2012)、曾亚敏和张俊生(2009)以及叶康涛和刘行(2011)先用税收负担与地区的经济发展水平和产业结构进行分年度回归,所得残差即超额税收负担,用以消除与经济发展因素相关的正常税收负担可能带来的计量误差的影响。

3.1.2.2 企业税收负担计量指标评价

从表3-1可以看出,虽然这些税收负担计量指标都在20世纪80年代提出,但目前国内外学者在学术研究中仍然广泛使用。显然,近30年来会计准则的理论基础、财务报告的结构和内容已经发生了实质性变化,但对于企业税收负担的计量方法并没有随财务报告内容变化有实质性的改进。从构造方法上看,指标1~指标4主要是站在政府视角,基于税收是政府参与企业收入分配的主要形式,而企业利润税收负担率(用税收除以利润)是反映这种分配关系的重要指标。企业利润税收负担率能够在一定程度上反映企业所得税税收负担,企业在计算利润过程中已经扣减了税金及附加等,因此,这些指标并不合适衡量企业综合税收负担。除此之外,上述税收负担计量指标本身存在一些不足。

第一,包括Zimmerman(1983)在内的五个企业税收负担计量指标,仅仅是努力计量企业所得税负担,由于没有考虑流转税、财产税、行为税和资源税等其他税种,计量结果与实际税收负担相关性很低,产生对企业税收负担的计量偏差。这些指标在以所得税为主的国家,产生的偏差相对要小一些。税制差异会导致这些指标计量出来的税收负担存在很大差异。

第二,所得税税收负担计量指标不够简约(Parsimony),指标存在缺陷,导致需要具体结合企业所使用的所得税会计方法选取指标。企业利润表列报所得税信息有应付税款法和纳税影响会计法两种方法。在应付税款法下,利润表中所得税项即企业实际缴纳所得税。但在纳税影响会计法下,利润表中所得税项并不等于企业实际缴纳所得税。如在资产负债表债务法下,利润表中实际披露的所得税实际上是在当期所得税的基础上,进一步对递延所得税进行调整的结果,利润表中的所得税费用并不是实际缴纳所得税。

第三，上述五种税收负担计量方法没有充分利用现金流量表提供的税收信息。这些计量税收负担的指标没有利用现金流量表信息，主要是因为这些指标均产生于1988年企业编制现金流量表之前。虽然国际上在1988年开始编制现金流量表，我国也于1998年开始编制现金流量表，在现金流量表里提供经营活动税收信息，但现有的税收负担计量指标并没有有效利用这些信息。在企业税收负担计量上，体现了学术的继承，但表现出创新不足。

第四，使用某一地区的宏观税负作为企业税收负担的代理变量，宏观税负计量计算简便，可以直观地反映出经济体的总体税负，数据也相对容易获得，以该指标进行横截面分析或时间序列分析都比较容易操作。但是，某一地区纳税总额数据无法提供不同纳税人的具体信息，无法从总额数据中分离出不同企业的税收状况（胥佚萱，2010）。这些税收负担计量指标忽略了企业纳税问题的异质性。

上述税收负担计量指标在构造过程中，指标1和指标2使用税前账面利润，指标3和指标4分母对税前利润进行了调整，试图模拟企业应税收入。由于财务报告并没有提供充足的数据来完美计量应税收入，上述计量企业税收负担方法只是近似估计。而 Zimmerman（1983）提出使用实际税率计量指标是以现金流为基础。企业税收负担计量指标构建缺乏统一的理论指导，导致税收负担指标构造方法差异。企业税收负担计量指标构造差异本身会加深学术界和实务界对税收负担问题的分歧，如使用不同税收负担计量指标计算同一企业的税收负担可能存在很大差异，使用不同税收负担指标对同一问题进行实证研究会得出不同的结论。因此，缺乏统一理论基础的税收负担计量指标不利于税收相关问题的研究。

3.1.3 企业税收负担计量指标构建

纳税构成企业的一项费用。根据会计的配比思想，税收费用占企业收入的比重能够客观地反映出企业的税收负担。实际平均税率可以定义为企业年度税费除以当年收益的比例，会计系统反映了企业纳税信息，纳税信息报告和披露与会计准则紧密相关。我国会计准则经过渐进性改革，目前已与国际会计准则实现实质性趋同,所得税会计也由应付税款法变为资产负债表债务法。我国财务会计报表体系也比较完善,资产负债表、利润表、现金流量表以及所有者权益变动表分别提供企业财务状况、经营成果、现金流量和所有者权益变动情况。财务会计报表从不同侧面提供了纳税方面的信息,利用这些信息可以构建科学、可靠的税收负担指标。

3.1.3.1 企业所得税负担

目前,我国所得税会计采用资产负债表债务法核算。在资产负债表债务法下,如果满足资产和负债确认条件,资产负债表中需要确认递延所得税资产和递延所得税负债。利润表中的所得税费用不仅包括当期所得税费用,还包括递延所得税费用。在资产负债表债务法下,资产和负债的账面价值与计税基础存在的差异称为暂时性差异。当暂时性差异为可抵扣暂时性差异时,企业可能确认递延所得税资产,企业所得税费用相应减少(借记递延所得税资产,贷记所得税费用)。企业确认递延所得税资产,会导致利润表列报的所得税费用小于实际缴纳所得税。若暂时性差异为应纳税暂时性差异,企业可能确认递延所得税负债,同时增加企业所得税费用(借记所得税费用,贷记递延所得税负债)。企业确认递延所得税负债,会导致利润表列报的所得税费用大于实际缴纳所得税。根据这一关系,利用企业资产负债表提供的递延所得税资产和递延所得税费负债,就可以推算出所得税费用中包含的递延所得税费用,进而计算出当期实际缴纳的所得税,即当期实际缴纳的所得税=所得税费用+递延所得税资产−递延所得税负债。因此,企业所得税负担率=(所得税费用+递延所得税资产−递延所得税负债)/营业收入,该指标计量企业正常经营活动取得的单位营业收入承担的所得税费用。

3.1.3.2 企业总体税收负担

(1)利用资产负债表和利润表信息。在资产负债表债务法下,当期实际缴纳的所得税=所得税费用+递延所得税资产−递延所得税负债。除了所得税,企业还需要缴纳其他税,如城建税等。企业缴纳的其他税包含在税金及附加项目中。除此之外,企业缴纳的房产税、车船使用税、土地使用税和印花税包含在利润表中的管理费用之中，可以根据财务报表附注中管理费用信息构成得到企业实际缴纳的房产税等（2016年及以后"税金及附加"包含四小税，即印花税、车船使用税、房产税和土地使用税）。因此，基于这些信息，可以构建出企业实际税收负担计量指标，即实际税收负担=（所得税费用+递延所得税资产−递延所得税负债+营业税金及附加+计入管理费用中的税）/营业收入，该指标能够可靠计量企业正常经营活动取得的单位营业收入承担的全部税收费用。

（2）利用现金流量表和利润表信息。企业现金流量表是基于收付实现制，它提供了会计期间企业支付的各项税费和收到的税费返还信息，是财务报表中构建计量税收负担最可靠的信息。现金流量表包括经营活动现金流、投资活动现金流和融资活动现金流量三部分。在经营活动现金流部分，提供了企业经营活动实际支付的税费和收到的税费返还信息。利用这两项信息，可以计算出企业税收负担=（支付的各项税费−收到的税费返还）/营业收入，该指标衡量企业正常经营活动取得的单位营业收入承担的各种税收费用。

（3）利用财务报表附注信息。我国财务报告列报准则规定，企业在利润表内应当对费用按照功能分类，企业缴纳的税费根据不同功能分别列示在税金及附加、管理费用以及所得税费用等项目之中，因此，很难从报表项目中获得企业纳税的完整数据。IAS（1999）认为，关于费用性质的信息有助于预测未来现金流量。我国财务报告列报准则第39条也同时规定，财务报表企业应当在附注中披露费用按照性质分类的利润表补充资料，可将费用分为耗用的原材料、职工薪酬费用、折旧费用、摊销费用等。具体对于纳税项目，企业在报表附中需要列示出当年缴纳的各种税收的金额，如在管理费用下列示管理费用的各项构成情况，包括税金（房产税、车船使用税、土地使用税和印花税）（注：根据财会〔2016〕22号文《增值税会计处理规定》，2016年及以后"税金及附加"包含了四小税。而2015年上汽集团财务报告"主营税金及附加"没有包含四小税），利用财务报表附注披露的详细信息，可以可靠地构建企业的具体某一税种的税收负担指标。

国家税制结构构成企业的生存环境，纳税属于企业天然义务，税收使政府几乎是所有企业最大的小股东。税收负担高低反映了政府与企业之间利益分割关系，这就决定了企业税收负担问题成为世界范围内广受关注和争议的问题之一。学者们认为，近年来我国税收收入超常增长，影响了经济的可持续发展。当前，在我国经济结构转型过程中，结构性减税成为激发经济活力的重要措施之一。企业税收负担反映了政府与市场的关系，科学计量企业税收负担成为讨论企业税收负担问题的基础，也在一定程度上体现了政府职能的转变。现有的税收负担计量指标没有充分利用企业实际纳税信息，缺乏可靠性，限制了对企业税收相关问题的深入探讨。利用财务报表税收相关项目之间的内在关系、现金流量表提供的纳税信息以及财务报告附注披露的纳税信息，可以克服税收负担计量遇到的难点，构建可靠的企业税收负担计量指标。本书构建的税收负担计量指标为讨论企业税收负担问题提供一致的基础，在学术上可以为税收负担相关实证研究提供参考。

3.2 创业板上市公司税收负担总体现状

本节应用不同税收负担计量方法对我国创业板上市公司 2009～2018 年以来的税收负担分年度、行业进行统计描述，从总体上了解我国科技型企业的税收负担状况。

我国创业板上市公司 2009～2018 年以来的税收负担总体状况如表 3-2 所示。从表 3-2 可以看出，不同的税收负担计量指标计量出的税收负担的均值、标准差、最小值和最大值存在显著差异。税收负担的最小值均小于 0，而最大值可达 1040.41，标准差较大，税收负担的波动性较大。从表 3-2 中可以看出，通常学术界计量税收负担的指标（ETR1、ETR2、ETR3 以及 ETR4），由于这几个指标分母均使用息税前利润或者税前利润，企业利润往往受到企业管理层盈余管理、非经常性项目的影响，波动性比较大。对于微利企业利润很小，这些指标会放大计算出来的税收负担。对于亏损企业计算出来的税收负担没有实际意义。另外，指标 ETR1、ETR2、ETR3 以及 ETR4 计算出来的税收负担均值均远高于中位数，说明用这四个指标计算税收负担，某些企业的税收负担很大，这显然也不符合税收中性原则。企业在同一税收体系下，由于企业规模、资产构成、税收优惠等因素会导致企业税收负担存在差异，但是对于大样本企业来说，税收负担应当基本是对称分布。从这个角度看，税收负担的指标 ETR1、ETR2、ETR3 以及 ETR4 本身并没有很好地代表税收负担。

表 3-2　2009~2018 年创业板上市公司税收负担描述性统计

指标	计算方法	均值	中位数	标准差	最小值	最大值
ETR1	所得税费用/息税前利润	0.147	0.139	3.909	-140.797	209.962
ETR2	(所得税费用-递延所得税费用)/息税前利润	0.505	0.190	13.867	-33.562	726.200
ETR3	所得税费用/(税前利润-递延所得税费用/法定税率)	0.210	0.159	3.255	-7.422	211.182
ETR4	(所得税费用-递延所得税费用)/(税前利润-递延所得税费用/法定税率)	0.523	0.219	16.028	-20.546	1040.410
ETRa	(所得税费用+递延所得税资产-递延所得税负债)/营业收入	0.035	0.031	0.045	-1.228	1.418
ETRb	(所得税费用+递延所得税资产-递延所得税负债+税金及附加)/营业收入	0.046	0.042	0.047	-0.361	0.405
ETRc	(支付的各项税费-收到的税费返还)/营业收入	0.062	0.059	0.048	-0.164	0.526

注：2016 年之前 ETRb 中包含管理费用中的四小税，2016 年之后四小税包含在税金及附加中。

笔者构建的税收负担计量指标（ETRa、ETRb 和 ETRc）分母均为营业收入，一般企业营业收入为正值，不会出现分母为负导致的计算出来的税收负担无意义的问题。根据财务会计理论，利润是收入与成本费用配比的结果，对企业来说，企业向国家上缴的各种税费构成企业费用，体现在营业税金附加或者所得税费用中，体现了收入和成本费用的匹配关系。根据税收负担计量指标 ETRa、ETRb 和

ETRc 计算出来的税收负担清晰地代表企业的每 1 元收入所承担的税费,实际意义清楚。使用 ETRa、ETRb 和 ETRc 计算出来的税收负担均值接近中位数,表现出对称分布特征,符合税收中性原则预期结果。从理论、清晰的意义表达以及数据分布的科学性看,税收负担计量指标 ETRa、ETRb 和 ETRc 具有科学性。因此,笔者重点使用 ETRa、ETRb 和 ETRc 讨论企业税收负担。

根据 ETRa、ETRb 和 ETRc 三个税收负担的构造方法,ETRa 为所得税负担,ETRb 为总税收负担,预期 ETRa 在统计意义上显著低于 ETRb。ETRb 和 ETRc 均代表总税收负担,ETRb 主要基于资产负债表和利润表构建,而 ETRc 基于现金流量表和利润表构建。对三个税收负担计量指标计量出来的税收负担进行统计检验,结果如表 3-3 所示。

表 3-3 不同税收负担计量指标计算的税收负担统计检验结果

	ETRa	ETRb	统计量(T 或者 Z)
均值	0.035	0.046	T = -11.0362***
中位数	0.031	0.042	Z = -20.581***
	ETRa	ETRc	统计量
均值	0.035	0.062	T = -26.1959***
中位数	0.031	0.059	Z = -33.203***
	ETRb	ETRc	统计量
均值	0.046	0.062	T = -15.1404***
中位数	0.042	0.059	Z = -20.089***

注:***、**、*分别代表 1%、5% 和 10% 的显著性水平。

由表 3-3 可以看出:三种计量方法得出的税收负担的均值大小比较为 ETRa < ETRb < ETRc,税收负担的中位数的大小比较为 ETRa < ETRb < ETRc,且均具有统计意义上的显著性。指标 ETRa 计算税收负担时未考虑企业的税金及附加和计入管理费用中的税款,因此使用指标 ETRa 计算出的税收负担均值和中位数显著小于使用指标 ETRb 计算所得。指标 ETRc 以收付实现制为基础,从现金

流角度出发计算企业实际承担的税收负担，没有考虑企业的递延税项因素，因此以指标 ETR7 计量的税收负担显著高于指标 ETRa 和指标 ETRb 计算出的税收负担。同样是计量总税收负担，但 ETRb < ETRc。

3.3 创业板上市公司税收负担年度分布状况

3.3.1 税收负担年度描述性统计

表 3-2 从总体上描述了所有创业板上市公司税收负担分布情况，不同税收负担指标计量的结果分布说明，ETRa、ETRb 和 ETRc 三个税收负担指标更为科学。使用 ETRa、ETRb 和 ETRc 三个税收负担计量指标对各年的税收负担情况进行计算，从总体上了解各年度税收负担情况，如表 3-4 所示。

表 3-4　2009~2018 年创业板上市公司分年度税收负担描述性统计

栏目 A：ETRa（所得税费用 + 递延所得税资产 − 递延所得税负债）/营业收入					
年度	均值	中位数	标准差	最小值	最大值
2009	0.0391	0.0399	0.0168	0.0039	0.0762
2010	0.0378	0.0339	0.0235	−0.0218	0.1232
2011	0.0380	0.0343	0.0234	−0.0198	0.1497
2012	0.0342	0.0305	0.0296	−0.2623	0.1543
2013	0.0313	0.0292	0.0338	−0.3764	0.1693
2014	0.0320	0.0293	0.0285	−0.1795	0.3094
2015	0.0343	0.0313	0.0356	−0.1525	0.3742
2016	0.0362	0.0331	0.0318	−0.2703	0.4019
2017	0.0350	0.0310	0.0380	−0.2348	0.6514
2018	0.0352	0.0283	0.0809	−1.2283	1.4187

续表

栏目 B：ETRb（所得税费用+递延所得税资产－递延所得税负债+税金及附加）/营业收入

年度	均值	中位数	标准差	最小值	最大值
2009	0.0533	0.0460	0.0255	0.0081	0.1281
2010	0.0504	0.0473	0.0268	−0.0034	0.1313
2011	0.0510	0.0475	0.0297	0.0018	0.1878
2012	0.0471	0.0442	0.0342	−0.2511	0.1672
2013	0.0434	0.0419	0.0361	−0.3618	0.2150
2014	0.0437	0.0416	0.0309	−0.1624	0.3146
2015	0.0469	0.0427	0.0386	−0.1404	0.4045
2016	0.0482	0.0437	0.0363	−0.2509	0.4049
2017	0.0441	0.0410	0.0286	−0.0418	0.2170
2018	0.0445	0.0370	0.0830	−1.2231	1.4246

栏目 C：ETRc（支付的各项税费－收到的税费返还）/营业收入

年度	均值	中位数	标准差	最小值	最大值
2009	0.0841	0.0767	0.0504	−0.0070	0.2004
2010	0.0760	0.0729	0.0540	−0.0964	0.2323
2011	0.0729	0.0724	0.0537	−0.1639	0.2170
2012	0.0687	0.0680	0.0505	−0.1431	0.2248
2013	0.0632	0.0586	0.0520	−0.0974	0.3355
2014	0.0631	0.0616	0.0468	−0.0882	0.2392
2015	0.0651	0.0619	0.0476	−0.0817	0.2299
2016	0.0630	0.0601	0.0439	−0.0969	0.2326
2017	0.0546	0.0538	0.0463	−0.0796	0.5262
2018	0.0481	0.0493	0.0434	−0.1322	0.2196

从表3－4创业板上市公司税收负担的年度分布可以看出：

（1）用税收负担计量指标 ETRa、ETRb 和 ETRc 计算的各年度税收负担的均值普遍大于中位数，说明各年度的税收负担为偏态分布，部分企业的税收负担较高。

（2）使用指标 ETRa 和 ETRb 计算出来的税收负担的标准差从2009～2018年呈现变大的趋势，而指标 ETRc 计算出来的税收负担的标准差呈现变小趋势。指标 ETRa 和 ETRb 涉及会计权责发生制下的递延所得税问题，递延所得税会计涉及的判断因素较大会导致计算出来的企业间的税收负担差异较大。随着时间推移创业板上市公司数目越来越多，这种差异性也表现得越来越明显。

（3）使用指标 ETRc 计算出来的税收负担的标准差从 2009～2018 年呈现变小的趋势，主要是因为指标 ETRc 基本不涉及判断因素，且在严征管下，企业避税空间变小，应交尽交，企业之间税收负担的差异性降低。

（4）使用指标 ETRc 计算出来的税收负担的平均值和中位数从 2009～2018 年明显呈现出逐渐降低的趋势，创业板企业税收负担明显降低。

《中国制造 2025》指出，制造业是国民经济的主体，是立国之本、兴国之器、强国之基。制造业税收负担影响备受关注，单独计算我国创业板制造业上市公司税收负担年度分布如表 3－5 所示。

表 3－5　2009～2018 年创业板制造业上市公司分年度税收负担描述性统计

栏目 A：ETRa（所得税费用 + 递延所得税资产 − 递延所得税负债）/营业收入					
年度	均值	中位数	标准差	最小值	最大值
2009	0.0392	0.0375	0.0158	0.0087	0.0762
2010	0.0375	0.0339	0.0202	0.0007	0.1156
2011	0.0351	0.0335	0.0197	− 0.0198	0.1254
2012	0.0323	0.0296	0.0293	− 0.2623	0.1543
2013	0.0303	0.0286	0.0339	− 0.3764	0.1693
2014	0.0319	0.0298	0.0285	− 0.1795	0.3094
2015	0.0349	0.0316	0.0350	− 0.1411	0.3742
2016	0.0367	0.0334	0.0334	− 0.2703	0.4019
2017	0.0353	0.0311	0.0415	− 0.2348	0.6514
2018	0.0346	0.0291	0.0916	− 1.2283	1.4187
栏目 B：ETRb（所得税费用 + 递延所得税资产 − 递延所得税负债 + 税金及附加）/营业收入					
年度	均值	中位数	标准差	最小值	最大值
2009	0.0459	0.0428	0.0173	0.0173	0.0917
2010	0.0458	0.0418	0.0228	0.0017	0.1287
2011	0.0443	0.0418	0.0219	0.0018	0.1362

续表

栏目B：ETRb（所得税费用+递延所得税资产-递延所得税负债+税金及附加）/营业收入					
年度	均值	中位数	标准差	最小值	最大值
2012	0.0422	0.0403	0.0309	-0.2511	0.1672
2013	0.0405	0.0391	0.0350	-0.3618	0.1749
2014	0.0428	0.0414	0.0297	-0.1624	0.3146
2015	0.0472	0.0428	0.0368	-0.1319	0.4045
2016	0.0485	0.0441	0.0349	-0.2509	0.4049
2017	0.0460	0.0415	0.0448	-0.2236	0.6563
2018	0.0448	0.0383	0.0940	-1.2231	1.4246

栏目C：ETRc（支付的各项税费-收到的税费返还）/营业收入					
年度	均值	中位数	标准差	最小值	最大值
2009	0.0978	0.0899	0.0550	-0.0070	0.2004
2010	0.0779	0.0746	0.0569	-0.0964	0.2323
2011	0.0715	0.0695	0.0569	-0.1639	0.2170
2012	0.0690	0.0681	0.0543	-0.1431	0.2248
2013	0.0639	0.0589	0.0557	-0.0974	0.3355
2014	0.0653	0.0653	0.0495	-0.0882	0.2048
2015	0.0680	0.0673	0.0504	-0.0817	0.2299
2016	0.0648	0.0629	0.0477	-0.0969	0.2326
2017	0.0538	0.0526	0.0499	-0.0796	0.5262
2018	0.0481	0.0494	0.0459	-0.1097	0.2196

从表3-5中可以看出：

（1）用税收负担计量指标ETRa、ETRb和ETRc计算的各年度税收负担的均值普遍大于中位数，说明我国创业板制造业企业各年度的税收负担为偏态分布，部分制造业企业的税收负担较高。

（2）使用指标ETRa和ETRb计算出来的创业板制造业上市公司税收负担的标准差从2009年到2018年呈现变大的趋势，而指标ETRc计算出来的税收负担的标准差呈现变小趋势。使用指标ETRc计算出来的制造业上市公司的税收负担的标准差从2009~2018年呈现变小的趋势，主要是因为指标ETRc基本不涉及判断因素,且在严征管下,企业避税空间变小,应交尽交,企业之间税收负担的差异性降低。

(3) 使用指标 ETRc 计算出来的创业板制造业上市公司的税收负担均值和标准差从 2009 年到 2018 年呈现逐年变小趋势。2009 年,每 1 元收入中有 0.0899 元用于交税,到 2018 年每 1 元收入中有 0.0494 元用于交税。创业板制造业上市公司税收负担下降明显。

综上所述,指标 ETRa 和 ETRb 在一定程度上体现出权责发生制特征,计算税收负担的过程中包含会计确认、计量预报告过程,这些过程是企业根据会计准则判断、估计的一个过程,用 ETRa 和 ETRb 计算出来的税收负担指标体现出企业间的差异较大,ETRc 主要表现出收付实现制特征,利用 ETRc 计算的税收负担包含的会计判断和估计成分较少,计算出的企业间的税收负担差异相对较小。

3.3.2 创业板上市公司税收负担年度统计检验

表 3-4 列示了创业板上市公司税收负担的年度分布,从 ETRa、ETRb 和 ETRc 三个指标计算出来的税收负担呈现不同特点。进一步检验各年度的税收负担与 2009 年的税收负担之间的差异,如表 3-6 所示。

表 3-6 2009~2018 年创业板上市公司税收负担比较的统计检验

指标	ETRa				ETRb				ETRc			
年度	均值	T 值	中位数	Z 值	均值	T 值	中位数	Z 值	均值	T 值	中位数	Z 值
2009	0.0391	—	0.0399	—	0.0533	—	0.0460	—	0.0841	—	0.0767	—
2010	0.0378	0.3946	0.0339	1.334	0.0504	0.7051	0.0473	1.100	0.0760	1.0190	0.0729	0.744
2011	0.0380	0.4569	0.0343	1.404	0.0510	0.5224	0.0475	0.981	0.0729	1.5526	0.0724	1.120
2012	0.0342	1.2541	0.0305	2.490**	0.0471	1.4201	0.0442	1.920*	0.0687	2.1700*	0.0680	1.765*
2013	0.0313	1.7157*	0.0292	3.243***	0.0434	2.2196**	0.0419	2.833***	0.0632	2.8817***	0.0586	2.934***
2014	0.0320	1.8758*	0.0293	3.093***	0.0437	2.4445**	0.0416	2.783***	0.0631	3.1884***	0.0616	2.847***
2015	0.0343	1.0258	0.0313	2.311**	0.0469	1.3999	0.0427	2.012**	0.0651	2.8563***	0.0619	2.551***

续表

指标	ETRa				ETRb				ETRc			
年度	均值	T值	中位数	Z值	均值	T值	中位数	Z值	均值	T值	中位数	Z值
2016	0.0362	0.6880	0.0331	1.832*	0.0482	1.3714	0.0437	1.887*	0.0630	3.4286***	0.0601	2.981***
2017	0.0350	0.8335	0.0310	2.538***	0.0441	1.5662	0.0410	2.795***	0.0546	4.5948***	0.0538	4.289***
2018	0.0352	0.3844	0.0283	3.402***	0.0445	0.8173	0.0370	3.754***	0.0481	6.0162***	0.0493	5.136***

注：***、**、*分别代表1%、5%和10%的显著性水平。

从表3-6中可以看出：

（1）应用指标ETRa和ETRb计算出来的税收负担由于是有偏的，均值检验与秩和检验结果存在差异。在数据有偏分布情况下，秩和检验效度更高。从秩和检验结果可以看出，2012年以后各年的企业税收负担均明显低于2009年税收负担，也显示出国家降低税费负担的政策发挥了实际效果。

（2）应用指标ETRc计算出来的税收负担均值接近中位数，基本呈现对称分布，均值检验和秩和检验结果一致，两种检验同时显示，2012年后企业税收负担均显著低于2009年的税收负担。T检验和秩和检验结果的一致性说明指标ETRc是更好的税收负担计量指标。

结合我国税收改革历程，我国从2012年1月1日开始在上海交通运输业和部分现代服务业开展"营改增"试点。自2012年8月1日起国务院将"营改增"试点扩大至10省市，2013年8月1日将"营改增"范围推广到全国试行，并将广播影视服务业纳入试点范围。统计检验结果说明，自2012年实施的"营改增"政策明显降低了企业税收负担，减税降费政策发挥了实际作用。

我国是一个制造业大国，近年来关于制造业的争论较多，如税费负担过重、房地产业挤垮了制造业等，那么我国制造业税收负担如何？减税降费政策对制造业企业影响是否明显？以2009年为基准，其他年度与2009年比较对制造业2009~2018年的税收负担年度进行统计检验，如表3-7所示。

表 3-7 2009~2018 年创业板制造业上市公司税收负担比较统计检验

指标 年度	ETRa				ETRb				ETRc			
	均值	T值	中位数	Z值	均值	T值	中位数	Z值	均值	T值	中位数	Z值
2009	0.0392	—	0.0375	—	0.0459	—	0.0428	—	0.0978	—	0.0899	—
2010	0.0375	0.4498	0.0339		0.0458	0.0293	0.0418		0.0779	1.8629*	0.0746	
2011	0.0351	1.1560	0.0335	1.646	0.0443	0.4185	0.0418	0.606	0.0715	2.5704**	0.0695	2.209**
2012	0.0323	1.3838	0.0296	2.437**	0.0422	0.7005	0.0403	1.112	0.0690	2.9686***	0.0681	2.596***
2013	0.0303	1.5449	0.0286	2.740***	0.0405	0.9121	0.0391	1.360	0.0639	1.3838	0.0589	3.358***
2014	0.0319	1.4903	0.0298	2.453**	0.0428	0.6090	0.0414	0.975	0.0653	3.6716***	0.0653	3.144***
2015	0.0349	0.7156	0.0316	1.921*	0.0472	-0.2065	0.0428	0.161	0.0680	3.3459***	0.0673	2.902***
2016	0.0367	0.4370	0.0334	1.379	0.0485	-0.4437	0.0441	-0.312	0.0648	3.8911***	0.0629	3.367***
2017	0.0353	0.5514	0.0311	2.042**	0.0460	-0.0128	0.0415	0.702	0.0538	5.0304***	0.0526	4.616***
2018	0.0346	0.2974	0.0291	2.762***	0.0448	0.0700	0.0383	1.718*	0.0481	6.1405***	0.0494	5.091***

注：***、**、*分别代表1%、5%和10%的显著性水平。

由表 3-7 可以看出，ETRc 计算出的税收负担从 2011 年之后各年的税收负担均显著低于 2009 年，由平均值可以看出单位收入（1元）承担的税款支出基本呈现逐年下降趋势，具体从 2009 年的 0.0978 下降到 2018 年的 0.0481，2018 年单位收入承担的税款仅为 2009 年的一半。各年单位收入承担税款的中位数也呈现逐年下降趋势。说明创业板制造业上市公司税收负担逐年降低。减税降费措施对制造业上市公司发挥了实际作用。

3.4 创业板上市公司税收负担行业分布状况

3.4.1 创业板上市公司不同行业税收负担描述性统计

税收负担受到行业特征影响，不同行业资产特征、税收优惠等状况存在差异，会影响到行业的税收负担。使用 ETRa、ETRb 和 ETRc 对创业板上市公司不同行业的税收负担情况进行计量，结果如表 3-8 所示。由于电力、热力、燃气及水生产和供应业（D）、交通运输、仓储和邮政业（G）、金融业（J）、居民服务、修理和其他服务业（O）以及卫生和社会工作（Q）行业企业数量较少，故表中没有列出。

表 3-8　创业板上市公司不同行业的税收负担描述性统计

栏目 A：ETRa（所得税费用 + 递延所得税资产 - 递延所得税负债）/营业收入

行业	代码	均值	中位数	标准差	最小值	最大值
农、林、牧、渔业	A	0.0069	0.0053	0.0129	-0.0601	0.0409
采矿业	B	0.0417	0.0381	0.0498	-0.0295	0.1368
制造业	C	0.0344	0.0310	0.0484	-1.2283	1.4187
建筑业	E	0.0378	0.0309	0.0219	-0.0060	0.1023
批发和零售业	F	0.0127	0.0094	0.0121	-0.0008	0.0448
信息传输、软件和信息技术服务业	I	0.0356	0.0308	0.0275	-0.0335	0.3002
租赁和商务服务业	L	0.0367	0.0294	0.0364	-0.0280	0.1497
科学研究和技术服务业	M	0.0432	0.0453	0.0279	-0.0627	0.1260
水利、环境和公共设施管理业	N	0.0455	0.0345	0.0392	0.0058	0.1877
文化、体育和娱乐业	R	0.0576	0.0489	0.0688	-0.1227	0.4361

栏目 B：ETRb（所得税费用 + 递延所得税资产 - 递延所得税负债 + 税金及附加）/营业收入

行业	代码	均值	中位数	标准差	最小值	最大值
农、林、牧、渔业	A	0.0116	0.0094	0.0141	-0.0515	0.0485
采矿业	B	0.0598	0.0516	0.0559	-0.0221	0.1878
制造业	C	0.0451	0.0415	0.0504	-1.2231	1.4246
建筑业	E	0.0508	0.0499	0.0249	0.0052	0.1093
批发和零售业	F	0.0169	0.0117	0.0138	0.0048	0.0591
信息传输、软件和信息技术服务业	I	0.0479	0.0436	0.0317	-0.0212	0.3063
租赁和商务服务业	L	0.0508	0.0342	0.0494	-0.0233	0.1879
科学研究和技术服务业	M	0.0558	0.0563	0.0315	-0.0449	0.1435
水利、环境和公共设施管理业	N	0.0583	0.0479	0.0442	0.0070	0.2150
文化、体育和娱乐业	R	0.0710	0.0552	0.0734	-0.1129	0.4387

续表

栏目C：ETRc（支付的各项税费－收到的税费返还）/营业收入

行业	代码	均值	中位数	标准差	最小值	最大值
农、林、牧、渔业	A	0.0044	0.0066	0.0317	－0.0633	0.1031
采矿业	B	0.0742	0.0690	0.0479	0.0046	0.2392
制造业	C	0.0628	0.0608	0.0518	－0.1639	0.5262
建筑业	E	0.0467	0.0506	0.0181	0.0208	0.0779
批发和零售业	F	0.0211	0.0184	0.0178	－0.0120	0.0645
信息传输、软件和信息技术服务业	I	0.0622	0.0573	0.0341	－0.0487	0.2209
租赁和商务服务业	L	0.0738	0.0680	0.0512	0.0149	0.1921
科学研究和技术服务业	M	0.0621	0.0607	0.0471	－0.1322	0.1902
水利、环境和公共设施管理业	N	0.0709	0.0612	0.0355	0.0255	0.1917
文化、体育和娱乐业	R	0.0837	0.0786	0.0526	－0.0827	0.1937

由表3－8可以看出，农林牧渔业由于享受税收优惠程度比较大，税收负担比较低。单位收入（1元）支付的税费平均仅为0.0044元，其次是批发零售业，每1元收入承担的税收支出平均为0.0211元，文化、体育和娱乐业税收负担比较高，每1元收入承担的税收支出平均为0.0837元，其次是采矿业，每1元收入承担的税收支出平均为0.0742元。

3.4.2 创业板上市公司不同行业税收负担统计检验

为了全面认识不同行业之间的税收负担差异，以制造业为基准，其他行业与制造业比较进行统计检验，结果如表3－9所示。可以看出：①农、林、牧、渔业（A）由于享受所得税减半或者全免优惠，其税收负担远低于制造业；②批发和零售业（F）税收负担远低于制造业，主要是因为批发零售业实施增值税，购进和销售价格差额比较小，抵扣比例高从而税收负担低；③科学研究和技术服务业（M）、水利、环境和公共设施管理业（N）以及文化、体育和娱乐业（R）税收负担显著比制造业高。科学研究和技术服务业属于轻资产行业，主要依靠人的智力资产，抵扣比例低。水利、环境和公共设施管理业（N）的购进材料等很难取得合规票据进行抵扣，导致税收负担比较高。文化、体育和娱乐业（R）在实施营业税期间营业税率高，"营改增"后同样由于其轻资产性质，抵扣比例较低，导致税收负担比较高。其他行业税收负担与制造业没有显著差异。

表 3-9 不同行业税收负担统计检验结果

指标 代码	ETRa				ETRb				ETRc			
	均值	T值	中位数	Z值	均值	T值	中位数	Z值	均值	T值	中位数	Z值
A	0.0069	4.3197***	0.0053	10.251***	0.0116	5.0521***	0.0094	10.639***	0.0044	7.7801***	0.0066	8.424***
B	0.0417	-0.8880	0.0381	-0.693	0.0598	-1.7173*	0.0516	-1.315	0.0742	-1.2403	0.0690	-1.142
C	0.0344	—	0.0310	—	0.0451	—	0.0415	—	0.0628	—	0.0608	—
E	0.0378	-0.4891	0.0309	-1.323	0.0508	-0.8100	0.0499	-1.907*	0.0467	1.8843*	0.0506	2.444**
F	0.0127	2.7212***	0.0094	6.907***	0.0169	3.3980***	0.0117	7.608***	0.0211	4.4026***	0.0184	5.592***
I	0.0213	-0.6381	0.0207	-0.132	0.0479	-1.4904	0.0436	-1.501	0.0622	0.2442	0.0573	0.498
L	0.0367	-0.3035	0.0294	0.397	0.0508	-0.7391	0.0342	0.780	0.0738	-1.1821	0.0680	-0.721
M	0.0432	-1.6841*	0.0453	-5.271***	0.0558	-1.9838**	0.0563	-4.778***	0.0621	0.1019	0.0607	-0.204
N	0.0455	-1.6886*	0.0345	-2.038**	0.0583	-1.9295*	0.0479	-2.348**	0.0709	-1.0977	0.0612	-1.076
R	0.0576	-4.0865***	0.0489	-4.453***	0.0710	-4.4068***	0.0552	-4.329***	0.0837	-3.1422***	0.0786	-3.320***

注：***、**、* 分别代表1%、5%和10%的显著性水平。

3.5　创业板上市公司税收负担地区分布状况

3.5.1　创业板上市公司不同地区税收负担描述性统计

我国国土面积大，不同地区产业分布、资源禀赋、经济发展水平、税收优惠政策、会计准则执行、政府以及企业行政管理水平等影响企业税收负担，不同地域税收征管力度也存在差异，本节继续区分地区，比较不同时区企业税收负担情况。根据我国地理划分，将企业划分为东北、华东、华北、华中、华南、西南和西北 7 个地区，不同地区企业税收负担的描述性统计如表 3-10 所示。

表 3-10　不同地区企业税收负担的描述性统计

栏目 A：ETRa（所得税费用 + 递延所得税资产 - 递延所得税负债）/营业收入

地区	均值	中位数	标准差	最小值	最大值
东北	0.0353	0.0356	0.0304	-0.0606	0.1543
华东	0.0342	0.0311	0.0397	-1.2283	0.2043
华北	0.0404	0.0330	0.0671	-0.1525	1.4187
华中	0.0369	0.0343	0.0240	-0.0084	0.3120
华南	0.0310	0.0278	0.0227	-0.0601	0.1463
西南	0.0319	0.0343	0.0744	-0.3764	0.6080
西北	0.0348	0.0290	0.0462	-0.0295	0.3720

栏目 B：ETRb（所得税费用 + 递延所得税资产 - 递延所得税负债 + 税金及附加）/营业收入

地区	均值	中位数	标准差	最小值	最大值
东北	0.0475	0.0473	0.0336	-0.0582	0.1672
华东	0.0456	0.0422	0.0423	-1.2231	0.2336
华北	0.0517	0.0438	0.0681	-0.1404	1.4246
华中	0.0478	0.0439	0.0273	-0.0019	0.3596
华南	0.0406	0.0372	0.0257	-0.0515	0.1666
西南	0.0450	0.0461	0.0824	-0.3618	0.7307
西北	0.0461	0.0395	0.0489	-0.0221	0.4045

栏目 C：ETRc（支付的各项税费 - 收到的税费返还）/营业收入

地区	均值	中位数	标准差	最小值	最大值
东北	0.0709	0.0632	0.0473	-0.0184	0.3355
华东	0.0612	0.0604	0.0489	-0.1639	0.2323
华北	0.0692	0.0614	0.0449	-0.0582	0.2392
华中	0.0725	0.0692	0.0486	-0.0786	0.5262
华南	0.0498	0.0481	0.0495	-0.0974	0.2347
西南	0.0757	0.0772	0.0447	-0.0281	0.2096
西北	0.0618	0.0611	0.0415	-0.0129	0.2299

从表3-10可以看出，不同税收负担计量指标计算出来的税收负担在7个地区间表现出来的差异并不明显。指标ETRa计算出来的西南地区的企业税收负担差异较大，华北地区次之。指标ETRb计算出来的西南地区的企业税收负担差异较大，华北地区次之。指标ETRc计量出来的税收负担显示，东北、华中以及西南地区的企业税收负担较高，企业间税收负担差异在各地区表现并不明显。

3.5.2 创业板上市公司不同地区税收负担统计检验

以东北地区为基准，其他地区企业与东北地区比较，对不同地区间的企业税收负担进行统计检验，结果如表3-11所示。从表3-11可以看出，指标ETRc计算出的华东地区企业单位收入承担的税收支出显著低于东北地区，华南地区三个指标计算出来的税收负担均显著低于东北地区，西北地区权责发生制下计算出来的税收负担显著低于东北地区，但单位收入承担的税收实际支出与东北地区差异并不明显。其他地区税收负担与东北地区没有明显差异。结果说明除了华东、华南、西北地区，我国其他各地区间税收负担差异并不明显。

表3-11 不同地区税收负担统计检验结果

指标	ETRa				ETRb				ETRc			
地区	均值	T值	中位数	Z值	均值	T值	中位数	Z值	均值	T值	中位数	Z值
东北	0.0353	—	0.0356	—	0.0475	—	0.0473	—	0.0709	—	0.0473	—
华东	0.0342	0.2920	0.0311	1.014	0.0456	0.5018	0.0422	1.161	0.0612	2.0240**	0.0422	1.812*
华北	0.0404	-0.8629	0.0330	0.113	0.0517	-0.6864	0.0438	0.330	0.0692	0.3794	0.0438	0.519
华中	0.0369	-0.6143	0.0343	-0.270	0.0478	-0.1007	0.0439	0.127	0.0725	-0.2978	0.0439	-0.817
华南	0.0310	1.9361**	0.0278	2.950***	0.0406	2.8118***	0.0372	3.508***	0.0498	4.2631***	0.0372	4.319***
西南	0.0319	0.4915	0.0343	0.396	0.0450	0.3342	0.0461	0.353	0.0757	-0.8643	0.0461	-1.398
西北	0.0348	0.0895	0.0290	1.997**	0.0461	0.2764	0.0395	1.803**	0.0618	1.4763	0.0395	1.420

注：***、**、*分别代表1%、5%和10%的显著性水平。

3.6 创业板上市公司税收负担的影响因素

当前关于税收负担研究主要集中于宏观层面，宏观税负反映了国家税收收入占国民经济总量之间的关系，学术研究中一般采用政府税收收入占 GDP 比重来衡量宏观税负。基于企业层面研究税收负担的研究不多并且结论并不一致，主要是因为企业税收负担计量指标选择多样且并不科学。本节采用税收负担 ETRa、ETRb 和 ETRc 三个指标计算企业税收负担，研究影响我国创业板上市企业税收负担的主要因素，回归结果如表 3-12 所示。

表 3-12　创业板上市公司税收负担影响因素

	ETRa	ETRb	ETRc
规模	0.0010 (0.947)	0.0005 (0.452)	0.0030** (2.257)
财务杠杆	-0.0211*** (-2.858)	-0.0258*** (-3.300)	-0.0465*** (-6.806)
资本密度	-0.0385*** (-3.759)	-0.0358*** (-3.362)	-0.0700*** (-8.170)
存货密度	-0.0312*** (-2.928)	-0.0418*** (-3.726)	-0.1192*** (-11.958)
托宾 Q 值	0.0026*** (5.761)	0.0027*** (5.831)	0.0028*** (5.732)
总资产收益率	-0.0487* (-1.790)	-0.0584** (-2.064)	0.0281** (2.136)
无形资产比率	-0.0755 (-0.783)	-0.0576 (-0.592)	0.0318 (1.311)
研发投入强度	-0.2333*** (-3.819)	-0.2728*** (-4.385)	-0.4541*** (-9.931)

续表

	ETRa	ETRb	ETRc
常数项	-0.0162 (-0.640)	0.0020 (0.077)	0.0087 (0.300)
N	3843	3844	3523
R^2	0.0590	0.0684	0.1990
Adj. R^2	0.0513	0.0608	0.1919

注：* p 表示 <0.1，** 表示 p<0.05，*** 表示 p<0.01；括号内为稳健回归 t 值。其中：规模为总资产的对数，财务杠杆为负债除以总资产，资本密度为固定资产除以总资产，存货密度为存货除以总资产，托宾 Q 值等于（总资产 + 权益市场价值 - 权益账面价值）/总资产，总资产收益率等于净利润除以总资产，无形资产比率为无形资产除以总资产，研发投入强度为研发支出除以总资产。

从表 3-12 的回归结果可以看出，无论是如何计算税收负担，财务杠杆的回归系数均在 1% 统计水平上显著为负，资产负债率越高，税收负担越低。负债发挥税盾效应，有效降低企业税收负担；资本密度和存货密度越高的企业，税收负担也越低。资本密度越高的企业，折旧越多，能够有效降低税收负担；企业成长性越高（托宾 Q 值越大），税收负担也越高。成长性越高的企业往往拥有更多轻资产，折旧等税盾因素少，导致税收负担高；研发投入强度越高，税收负担越低。研发投入能够享受税收优惠，从而有效降低企业税收负担。上述关系对于三个税收负担计量指标都适用。

企业规模、总资产收益率与税收负担的关系与税收负担的计量指标有关。Zimmerman（1983）的政治成本假说认为企业规模越大，实际有效税率越高。主要是因为大企业避税需要更多部门协作才能完成，避税成本高，本书发现这一观点在以现金流量表为基础计量税收负担时成立，以利润表指标计量的单位收入税收负担率并不成立。可能是现金流不受人为影响，而基于会计指标计算出来的税收负担不可避免地受到会计估计、利润平滑等因素影响，并没有表现出大企业税收负担更重这一特点。政治成本假说主要表现在现金流税收负担指标上。ETRc 回归结果显示，总资产收益率越高代表盈利能力越强，这样的企业受到税务机关高度关注，很难通过各种方式降低实际税负，企业如果利润很高，而缴税相对较少，就会成为税务机关稽查的对象。因此，表现出高盈利企业单位收入承担的现金税收较高。从会计关系来说，利润等于收入减去成本费用（包括税收费用），两边同除以资产，可以得出其他条件（资产周转率和成本费用率）相同的情况下单位收入税收负担与总资产收益率负相关，因此，ETRa 与 ETRb 的回归结果显示税收负担与总资产收益率负相关。

回归中控制行业和年度影响，以指标 ETRc 计算税收负担，回归以金融业为基准，发现农林牧渔业、批发零售业、卫生和社会工作行业企业的税收负担显著低于金融业企业；采矿业、制造业、电力热气燃气业、软件信息服务业、科学技术服务业、水利环境公共设施管理以及居民服务维修业的企业税收负担显著比金融业高。2009 年、2011～2014 年的企业税收负担显著高于 2010 年，2015～2018 年的税收负担与 2010 年比没有显著差异。

《中国制造 2025》指出，制造业是国民经济的主体，是立国之本、兴国之器、强国之基。我国是制造业大国，但我国还不是制造业强国。我国制造业的税收负担影响因素有哪些？就制造业的回归分析如表 3–13 所示。

表 3–13　创业板制造业上市公司税收负担影响因素

	ETRa	ETRb	ETRc
规模	0.0025*** (3.930)	0.0022*** (3.250)	0.0040*** (2.622)
财务杠杆	-0.0234*** (-7.646)	-0.0299*** (-8.731)	-0.0475*** (-6.762)
资本密度	-0.0343*** (-9.659)	-0.0353*** (-9.122)	-0.0656*** (-7.600)
存货密度	-0.0387*** (-6.863)	-0.0475*** (-7.662)	-0.1085*** (-7.848)
托宾 Q 值	0.0025*** (8.741)	0.0027*** (8.741)	0.0029*** (4.602)
总资产收益率	0.0795*** (6.47)	0.0700** (5.242)	0.1158*** (5.301)

续表

	ETRa	ETRb	ETRc
无形资产比率	-0.0375** (-2.552)	-0.0180 (-1.183)	0.0949*** (3.278)
研发投入强度	-0.3222*** (-12.662)	-0.3824*** (13.775)	-0.5725*** (-9.588)
常数项	-0.0156 (-1.130)	-0.0009 (-0.072)	0.0027 (0.080)
R^2	28.04%	27.37%	19.23%
Adj. R^2	27.56%	26.89%	19.81%

注：*表示 $p<0.1$，**表示 $p<0.05$，***表示 $p<0.01$；括号内为稳健回归t值。其中：规模为总资产的对数，财务杠杆为负债除以总资产，资本密度为固定资产除以总资产，存货密度为存货除以总资产，托宾Q值等于（总资产+权益市场价值-权益账面价值）/总资产，总资产收益率等于净利润除以总资产，无形资产比率为无形资产除以总资产，研发投入强度为研发支出除以总资产。

由表3-13可以看出，对于制造业企业无论是选何种税收负担计量指标，企业规模的回归系数显著为正，规模大的企业税收负担也高，符合政治成本假说。财务杠杆的回归系数显著为负，说明财务杠杆越高的企业，税收负担越低。资本密度和存货密度的回归系数显著为负，说明资本密度高的企业税收负担低。托宾Q值的回归系数显著为正，说明成长性越高的企业，税收负担也越高；制造业盈利能力（总资产收益率）的回归系数显著为正，盈利能力越强的企业税收负担越重。研发投入强度越高的企业，税收负担越低。无形资产比率的回归系数与税收负担指标选择有关。

4 税收负担与加计扣除对企业研发投入的影响

经济学普遍认为税收扭曲企业行为,相关的研究主要集中在理论探讨方面。经济学家和政策制定者普遍认为税收政策能够改变投资行为(Hall 和 Jorgenson,1967)。而这一观点仅仅来源于人们在获得经济利益的过程中,付出成本越少,这种活动的吸引力就越强这一简单认识,相关实证证据较少。一些学者研究了宏观税收负担产生的影响,如冯海波和周懿(2019)实证研究发现,税收负担对中小企业创业活跃度影响表现出异质性,主要表现为对小型企业创业活跃度产生负面影响,对中型企业的创业活跃度影响不明显。李建军等(2019)发现,企业税收负担的提高会降低企业产能利用率,特别是对于市场化程度低的地区、产能过剩的行业更加明显。早期的理论研究集中在税收如何影响资本成本上,但这一关系也没有经过实证检验。Romer. C 和 Romer(2007)对"战后"美国经济的研究,发现税收与 GDP 的比值每增加 1%,实际 GDP 就会降低 2%~3%,这种影响主要来自税收变化对投资的影响。因此,他们认为,税收变化对实际 GDP 的影响要比之前研究发现的要强。

政府的支出主要来源于税收。自从税收产生以来,政府忙于制定各种税收政策刺激经济增长和协调社会公平发展,学者则构建各种税收理论,形成不同理论流派,但无论如何,税收负担均是政策实践和理论研究所关注的焦点,成为整个税收问题的灵魂(李忠,2012)。税收对投资的影响在很大程度上主要集中在税收负担和税收激励对投资行为影响上。随着经济发展,生产模式以及企业资产结构发生巨大变化,对企业纳税行为、政府税收法规都产生深远影响。吉赟和王贞(2019)发现,实施"金税三期"导致企业所得税费用负担率明显上升,征管措施改进增加了企业的税收负担。本章在第3章构建企业税收负担计量指标的基础上,实证检验企业税收负担和税收激励对企业创新行为的影响。实证检验主要集中在税收负担对企业研发投入的影响,以及"加计扣除"税收激励政策对企业研发投入报告行为两个方面。本章的实证研究发现,税收负担对企业研发投入能力产生挤出效应,为"税收影响投资"这一简单的经济学认识提供了经验证据,也从经验证据方面说明税收激励政策存在的合理性。在研发投入"加计扣除"税收激励下,企业会将资源转移到操纵财务报告等方面,利用创新投入报告过程获取税收激励好处,而不是专注于创新活动,因而削弱了"加计扣除"税收激励政策的实施效果。除了传统的文献认为企业税收负担不利于投资,笔者还发现,研发投入的高度信息不对称特性会诱发企业利用创新活动报告过程进行盈余管理,达到降低自身税收负担的目的,从而加深了税收因素如何影响企业行为这一问题的认识。

4.1 制度背景

在互联网时代,一些高新技术企业表现出新的特征,他们资产的账面价值比较低,但有很高的市值。而传统制造业账面价值比较高,但市值比较低。高新技术企业表现出具有较高的智力资本。企业的智力资产(包括专利、非专利技术、商标权、著作权等)的影响不受地理界限的限制。企业能够在更大弹性上使用这些资产以实现价值最大化。高新技术企业越来越注重软资产的开发和应用。软资产创造价值,改变企业资产结构以及企业盈利能力,进而改变企业的税收负担。同时,互联网改变国家征税方式,也会影响企业税收负担并且影响企业投资。如吉赟和王贞(2019)发现,金税工程三期上线后,企业的研发投入和研发产出均明显下降，表明税收负担不利于企业创新。创新是知识经济的引擎，研发活动产生新知识和新技术，成为企业技术创新的原动力。鉴于创新驱动战略下企业研发活动的重要地位，世界各国的会计准则均涉及对研发投入的处理规范，税收法规也专门对创新活动的税务处理做出规定。我国会计准则和税法同样也对创新投入活动进行了规范，这些规范也随着时间推移发生演变。

4.1.1 我国创新活动的主要会计规范

4.1.1.1 研发支出费用化阶段

会计准则是企业进行会计确认、计量、记录与报告的基准。我国关于企业研发投入的会计规范随时间变化逐步演进。2001年颁布的《企业会计准则——无形资产》规定，自行开发并依法申请取得的无形资产，其入账价值应按依法取得该无形资产时发生的注册费、律师费等费用确定；在依法申请取得无形资产前发生的研究与开发相关支出应于发生时确认为当期费用，即将研发支出全部费用化。从会计理论上看，研发支出全部费用化存在下列问题。第一，研发支出费用化方法不符合资产负债观。资产负债观要求企业资产负债表尽可能可靠地反映企业的资产和负债，从而有利于保护所有者权益。根据资产确认原则，如果研发投入满足资产定义以及资产确认条件，企业研发投入就应该确认一项资产并反映在资产负债表中。研发支出费用化导致一些符合资产确认条件的资产没有列示在资产负债表，从而低估企业资产。第二，研发支出费用化直接降低企业经营成果，从而抑制企业进行创新投入。在研发投入费用化情况下，企业研发投入越多，当期利润就会越少。短视的经理人就会考虑到研发投入会降低当期利润，从而降低创新投入。企业必须完善激励机制，通过长期激励降低研发支出费用化对企业研发投入的不利影响。

4.1.1.2 研发支出区分资本化和费用化

我国2006年颁布的《企业会计准则——无形资产》与国际会计准则趋同，要求企业将内部研发活动支出区分为研究阶段与开发阶段，研究阶段支出全部费用化，而开发阶段支出在符合资本化条件的情况下资本化，不符合资本化条件的费用化。这一做法符合财务会计理论的资产负债观。研究阶段具有探索性，主要是为进一步开发活动进行资料、数据等方面的准备和论证。研究阶段发生的研发支出并不符合资产的定义和资产确认的条件，应该在发生的当期进行费用化。开发是指将研究成果或其他知识应用于某项计划或者设计，以生产出新的或者具有实质性改进的材料、装置、产品等。开发阶段的某些支出可能符合资产的定义和确认条件，在资产负债观下，符合条件的研发支出应当资本化。

需要注意的是，第一，尽管企业会计准则明确了企业内部研究开发项目开发阶段支出资本化的具体条件，但这要求企业相关人员具有较高的职业判断能力。为了降低判断难度，企业会计准则应用指南进一步规定，无法区分研究阶段支出和开发阶段支出的，应将其所发生的研发支出全部费用化，计入当期损益（管理费用），研发支出无法明确在研究阶段和开发阶段分配的，应计入当期损益，不计入开发活动的成本。第二，企业取得的已经作为无形资产的后续支出，如何分别计入费用化支出和资本化支出，需要企业依据具体情况根据资产确认条件做出具体判断。第三，在加计扣除税收优惠下，企业考虑到时间价值影响，可能将研发支出应该资本化的部分费用化，提前享受加计扣除好处。可以看出，研究阶段与开发阶段、费用化与资本化的划分为企业的自由裁量提供很大空间，从而为企业利用研发投入进行盈余管理提供了有利条件。

4.1.2 我国支持研发投入加计扣除政策

世界各国对企业研发投入采用不同税收优惠政策，如投资抵税等。我国税法对研发投入主要是采用加计扣除政策。我国的研发投入加计扣除政策也经历了从无到有，从不完善到完善的演进过程。

财政部和国家税务总局于1996年联合下发了《关于促进企业技术进步有关财务税收问题的通知》（财工字［1996］41号），主要从鼓励企业加大技术开发费用的投入、推动产学研合作和促进联合开发、加速企业技术成果产业化和商品化、推进企业机器设备更新以及增加技术进步的财政投入等几方面促进科技创新。该文件确立的加计扣除政策规定企业研究开发新产品、新技术和新工艺所发生的各项费用应逐年增长,增长幅度在10%以上的企业,可再按实际发生额的50%抵扣应税所得额。

自1996年财政部和国家税务总局颁布财工字〔1996〕41号文开始实施研发费用加计扣除政策以来,针对企业在实施加计扣除政策过程中出现的问题,财政部及税务总局陆续发布财会〔1999〕49号文、财税〔2003〕244号文、财税〔2006〕88号文、国税发〔2008〕116号文、财税〔2013〕70号文、财税〔2015〕119号文、国家税务总局公告〔2017〕第40号文、财税〔2018〕64号文以及财税〔2018〕99号文,不断对加计扣除政策适用的行业范围、加计扣除的费用范围进行完善和规范。各文件内容及差异如表4-1所示。

表4-1 我国研发投入所得税前加计扣除完善情况

文件	颁布日期	适用范围	主要内容	变化
财工字〔1996〕41号文	1996年4月7日	国有、集体工业企业	企业研发费用增长幅度在10%以上的,可再按实际发生额的50%加计扣除	首次就研发费用税前加计扣除问题进行了明确
财会〔1999〕49号文	1999年12月27日	适用于国有,集体工业企业及国有、集体企业控股并从事工业生产经营的股份制企业、联营企业;工业类集团公司	企业的技术开发费允许税前扣除	细化了税收优惠执行口径
财税〔2003〕244号文	2003年11月27日	所有财务核算制度健全、实行查账征收企业所得税的各种所有制的工业企业	研究实际发生的费用比上一年度实际发生额增长幅度在10%以上的(含10%)的,可再按当年实际发生额的50%加计扣除	将享受研发费用加计扣除的主体从"国有、集体工业企业"扩大到"所有财务核算制度健全、实行查账征收企业所得税的各种所有制的工业企业"
财税〔2006〕88号文	2006年9月8日	适用于财务核算制度健全、实行查账征税的内外资企业、科研机构、大专院校等;国家高新技术产业开发区内新创办的高新技术企业	明确了有关技术开发费、职工教育经费、加速折旧以及高新技术企业税收优惠的相关政策规定	加计扣除主体扩大到财务核算制度健全、实行查账征税的内外资企业、科研机构、大专院校等

续表

文件	颁布日期	适用范围	主要内容	变化
国税发〔2008〕116号文	2008年12月10日	适用于财务核算健全并能准确归集研究开发费用的居民企业	明确适用对象、研发活动定义、研发费用的具体范围、不同研发方式的执行办法、加计扣除的财务核算、加计扣除的税收管理等方面	进一步规范了企业的研发项目中可加计扣除的研究开发费用的归集口径
财税〔2013〕70号文	2013年9月29日	将中关村、东湖、张江三个国家自主创新示范区和合芜蚌自主创新综合试验区开展扩大研究开发费用加计扣除范围试点政策推广到全国	研发人员"五险一金",专门用于研发活动的仪器、设备的运行维护、调整、检修、维修等费用,以及新药的临床试验费、研发成果的鉴定费用等	扩大了可纳入税前加计扣除研发费用的范围
财税〔2015〕119号文	2015年11月2日	适用于会计核算健全、实行查账征收并能够准确归集研发费用的居民企业	从费用归集范围和后续管理两个角度对研发费用税前加计扣除制度进行了完善	放宽了享受优惠的企业研发活动及研发费用的范围,大幅减少了研发费用加计扣除口径与高新技术企业认定研发费用归集口径的差异
国税总局公告〔2017〕第40号文	2017年11月8日	适用于会计核算健全、实行查账征收并能够准确归集研发费用的居民企业	研发费用税前加计扣除归集范围有关问题	加计扣除比例由50%提高到了75%
财税〔2018〕64号文	2018年6月25日	适用于委托境外进行研发活动的企业	关于企业委托境外研究开发费用税前加计扣除有关政策问题	废除119号文中"委托境外企业、境外机构或个人进行研发活动所发生的费用,不得加计扣除"的规定
财税〔2018〕99号文	2018年9月20日	适用于会计核算健全、实行查账征收并能够准确归集研发费用的居民企业	在2018年1月1日至2020年12月31日期间,按照实际发生额的75%在税前加计扣除,形成无形资产的,在上述期间按照无形资产的175%在税前摊销	重新规定了研发投入税前加计扣除的比例

4.2 样本选择

创业板为我国科技型企业提供了融资平台,创业板上市公司主要以高科技企业为主,研发投入行为与主板存在差异,表现为较高的研发投入强度。世界各国主要从人员构成、销售收入构成以及研发投入情况三方面刻画创业企业。第一,在创业企业中,从事技术和产品开发(设计)的研发人员、专业人员占总员工人数的比例较高;第二,创新产品销售收入占销售收入的比例较高;第三,创业企业的 R&D 经费占销售收入的比例较高。创业板为自主创新国家战略提供融资平台,在创业板上市的高科技公司,大多从事科技新发明、新创造为基础的技术商品化活动。本书的创业企业为我国创业板上市的企业,这些企业主要是在竞争中技术和经营理念均处于领先的新创企业。同时,由于技术尚不成熟,技术不稳定以及技术竞争等因素导致企业前景不稳定,风险较高。创业板上市公司的创新投入强度与创新活动质量对于建设创新型国家具有重要影响。经验研究部分将创业企业限定为在我国创业板上市的公司。

经验研究选择 2009~2018 年我国创业板上市公司为样本。创业板公司的研发投入强度数据和人力资本存量数据从创业板上市公司的招股说明书和年度财务报告中手工收集得到。而样本企业的公司特征以及财务数据来源于国泰安 CSMAR 数据库。样本观察值的行业分布如表 4-2 所示。可以看出,创业板上市公司分布在制造业等 15 个行业,但主要集中在制造业,制造业占总样本数的 70.24%,其次是信息技术产业,占 17.80%。

4 税收负担与加计扣除对企业研发投入的影响

表 4-2 样本观察值的行业分布状况

代码	行业	观察值	比例（%）	代码	行业	观察值	比例（%）
A	农林牧渔业	58	1.37	J	金融业	1	0.02
B	采掘业	35	0.82	L	租赁和商务服务	43	1.01
C	制造业	2983	70.24	M	科研及技术服务	87	2.05
E	建筑业	51	1.20	N	水利环境公共设施	55	1.30
F	交通运输仓储业	37	0.87	O	居民服务维修业	7	0.16
G	交通运输仓储	23	0.54	Q	卫生与社会工作	23	0.54
I	信息技术	756	17.80	R	文化体育娱乐业	77	1.81

4.3 企业税收负担对研发投入的影响

4.3.1 理论分析

如果投融资双方对于项目属性和结果拥有相同的信息，没有信息不对称，就能实现一阶最优，激励契约能够实现激励相容，借款人就会真实地揭示项目结果信息，此时不会存在融资约束。然而，现实中由于各种摩擦因素，如信息不对称、金融工具不完善等导致金融市场不完善。不完善金融市场并不能完全识别研发项目的价值，并对其面临的风险进行合理定价，因而降低了研发项目的融资效率。同时，不完善金融市场上的金融产品深度和广度有限，没有充分配套的金融产品为研发项目提供融资。研发项目独一无二性不利于金融市场估值，同时直接导致企业不能将其拥有的研发项目担保给银行进行融资。研发活动另一个独特性在于研发实施者需要保密维持其技术优势，研发活动实施者在融资谈判过程中也不愿意公开敏感信息以免泄露给其竞争对手，从而加剧了研发项目的信息不对称对融资的影响。研发活动相关契约（包括融资契约）不完备程度更高，实施成本大，面临更多再谈判问题。信息不对称等问题成为研发活动融资过程中难以解决的根深蒂固的问题，道德风险和逆向选择问题直接降低了外部投资者对研发项目的投资热情。

研发活动的独一无二性、信息不对称特征以及高风险特征直接导致金融市场并不能为研发活动提供足够资金，面临严重的融资约束。因此，Kamien 和 Schwartz（1982）、Griffith 等（1995）认为，研发活动严重依赖于企业内部资金。内部现金流成为研发资金的主要来源（Stiglitz 和 Weiss，1981）。企业进行内源性融资不需要设立抵押等，融资门槛低，一定程度上避免了逆向选择等问题（Brown 等，2009）。Bond 和 Meghir（1994）发现，内部资金充足程度会影响投资决策，因为在企业临时性需求波动和利润周期性变化的情况下，企业内部资金供给对其投资活动具有重要影响。规模大的企业内部融资能力可能更强，盈利能力好的企业也具有较强的内部融资能力，企业纳税会降低企业内部现金流。因此，企业的规模、盈利能力以及税收负担均会影响企业研发活动。李春涛等（2015）研究发现，企业研发投资密度与规模显著正相关，规模大的企业有利于企业研发活动。张雅静等（2018）通过分析我国医药企业的盈利能力和研发投入的状况，发现企业盈利能力提升能够为企业的研发活动提供稳定持续的资金支持，有助于提高研发效率。Himmelberg 和 Petersen（1991）的经验研究发现，在金融市场不完美的情况下，内部融资是高新技术企业研发活动主要融资来源。

理论和实证研究均认为不完美金融市场和研发项目的特征决定了研发活动主要依赖企业内部资金。正因为研发投入主要依赖于内部融资，融资性负债很可能阻碍企业研发投入。外部融资与金融市场繁荣状况密切相关，如果企业的研发投入很大一部分由外部资金支持，那么当外部市场出现波动时，企业的研发投入也会出现波动（Brown 等，2009），很可能会影响企业前期以及后期的创新研发活动。吴祖光和安佩（2019）发现，企业获得的商业信用融资越多，越不利于提高研发投入强度。商业信用带来的短期偿债压力会抑制企业的研发投入。商业信用融资对企业研发投入主要表现出偿债压力带来的风险效应，而不是融资支持，特别是对民营企业风险效应更加明显。

创新是经济发展的基本动力,创新的本质是"创造性毁灭"。传统静态经济效率强调优化资源配置,而动态经济效率强调通过技术创新提高生产率,降低产品生产成本,提升产品性能。稀缺性是经济学存在的基础,也是经济学关注的核心问题。创新是人类解决面对的自然资源稀缺性的重要途径。技术创新活动通过提高经济的动态效率进而促进经济发展。行业研发投入是驱动经济增长和生产率的关键因素。根据内生经济增长理论,Romer(1990)、Aghion和Howitt(1992)以及Grossman和Helpman等(1993)均认为,技术创新是经济增长的源泉。Romer(1990)提出基于自然资本、人力资本、劳动以及知识创新的内生经济增长理论,将知识作为一种要素投入。同时,探讨了技术创新中的知识外部性效果机制。由于技术创新会带来知识溢出,技术创新活动具有正外部性,具有公共产品性质。研发活动的社会最优投资率会高于私人最优水平,研发活动投入存在市场失灵。Romer(1990)、Grossman和Helpman(1992)以及Guellec和Pottelsberghe(2003)等均认为,技术创新投资者难以占有自身创造的知识溢出和消费剩余,这就会导致研发活动投入不足。研究开发活动往往需要投入大量资金,投资回收时间长,但研发投资的成果在很大程度上具有公共品性质,具有一定非排他性特征,企业研发活动的私人收益也远小于社会收益。因此,解维敏等(2009)认为,企业没有足够的动力去做研究开发活动,导致研发活动市场供给不足。Arrow(1962)认为,如果完全由市场决策,为技术知识或信息的生产而进行活动的资源投入就会表现不足,低于社会最佳水平。解决技术溢出带来的投资不足问题最有效的办法之一就是通过政府支持将技术创新的私人边际收益率提高到社会边际收益率。政府补助、税收优惠、金融支持等成为政府支持企业创新活动的重要方式。解维敏等(2009)发现,政府对研发活动的支出可以诱导企业研发支出,且企业当期研发活动的投入不仅受当期政府研发支出的影响,还受前期政府研发活动支出的影响。

知识是一种公共产品,但是生产知识的创新活动是一种风险活动。企业的创新是经济增长的基石,创新在很大程度上决定了竞争优势。创新活动的高风险性构成企业从事研究开发活动的障碍,且创新活动的高风险性对于资金紧张、风险承受能力弱的中小企业尤为不利。中小高科技企业所特有的信息高度不对称、高度偏态分布和不确定的投资收益以及缺乏担保价值等特征决定了其难以获得债务融资。规模大的企业自身资源丰富，具有较强的抗风险能力，他们可以将研发投入资源分配给不同研发项目，类似于财务经理将资本分配给不同的投资机会。因此，规模大的企业可能有创新优势。Aboody 和 Lev（2000）认为，相对于其他投资，研发投入往往具有独一无二性，一般情况下也不存在一个有组织的交易市场来有效传递 R&D 相关信息，投资者很难推断企业 R&D 价值以及其生产能力等方面的信息。因此，企业的研发活动伴随更加严重的信息不对称问题。Arrow（1962）认为，信息不对称引发的道德风险会阻碍高风险的商业活动（如创新活动）获得外部融资。Stiglitz 和 Weiss（1981）的逆向选择和道德风险模型说明了高成长小公司的投资（包括 R&D）获得融资的主要途径就是内部资金。逆向选择和道德风险问题导致技术创新活动难以从企业外部融资，而企业内部资金的有限性直接导致研发活动投入不足。因此，Brown 等（2012）认为，企业研发活动面临的融资约束导致企业的研发投入水平低于金融市场不存在摩擦情况下的私人最优水平。

创新外部性决定了政府在创新活动中的积极作用，市场失灵导致企业研发投入低于社会最优水平，融资约束则使企业研发投入水平低于无市场摩擦时的企业最优投入水平。因此，需要通过政府直接参与研发活动，或者通过税收优惠、政府资助 R&D 活动来矫正"市场失灵"，并通过完善金融市场缓解研发投入融资约束，将研发活动投入提高到社会最优水平。世界各国政府均重视通过税收、财政和金融政策支持技术创新，鼓励企业进行创新投入。Danielova 和 Sarkar（2011）认为，政府对研发投资提供激励的主要方式为税收优惠和政府补贴。将两种激励方式组合起来对企业的投资激励效果最为显著。相对于政府补贴，税收对研发活动激励具有其政策优势。Berube 和 Mohnen（2009）认为，税收政策支持研发活动的重要优点是其对不同行业和不同性质企业的影响具有中性特征。Hall 和 Reenen（2000）认为，以税收为基础的研发活动支助政策将如何开展研发活动的决策赋予企业，因而符合市场化方向。税收优惠减少了企业现金流出，有利于企业更加灵活地使用资金,降低了企业研发投入的风险性,有利于企业研发创新活动。对研发投入的税收优惠可以更广泛程度上激励企业开展创新活动,提高全社会的研发效率;而向个别成功希望更大的研发项目提供直接的研发补贴可以有效提高研发投入的产出效率(Berube 和 Mohnen,2009)。世界各国支持研发活动的税收优惠方式主要包括低税率、投资税前加计扣除以及投资抵税等。税收优惠政策实施效果可能与各国税收系统具体特征紧密相关。Hall 和 Reenen(2000)认为,由于不同国家税务系统存在大量具体差异,因而难以系统地比较不同的 R&D 税收支持政策的实施效果。Hall 和 Reenen(2000)研究经合组织国家税收激励效果发现,一美元的研发税收减免可以刺激一美元的研发投入。Russo(2004)通过建立内生创新的 CGE 模型发现,研发投资抵税政策对研发活动的激励作用比较大,低税率激励政策对研发活动的激励作用次之,而基于增量的研发投资抵税政策又优于综合研发投资抵税政策。在对研发活动的风险类型分析的基础上,Tassey(1996)提出政策制定者需要基于研发活动的风险类型选择具体的激励政策,如对于共性技术和基础性技术的研究及开发,税收激励效果并不明显,需要采取政府直接支助形式。而 Berube 和 Mohnen(2009)利用加拿大数据发现,同时享受投资抵税政策和资助政策的企业比仅仅享受投资抵税政策的企业具有更强的创新动机。而 Hall 和 Reenen(2000)则指出,单独使用税收激励研发投入存在缺陷,即税收激励对提高私人机构研发投入的弹性较低,因此需要进行大规模的税制改革才能达到社会所期望的激励水平。

4.3.2 假设提出

虽然税收对投资的影响受到广泛关注,但税收对研发投资的影响研究还比较少。在企业研发活动资金主要依赖企业内部资金的情况下,税收作为一种企业必须支付的费用,导致企业资源流出从而降低内部可用资金,同时,税收优先原则也降低了企业使用内部现金流的弹性,从而削弱企业研发活动投入的能力,可能对研发活动产生挤出效应。主要表现为:

(1)支付税收费用会直接降低企业投资可用现金。根据本文样本,2009~

2012年创业板上市公司支付税费（减去收到的税费返还）占经营活动现金净流量比例的中位数为0.3312，标准差为4.4983，企业将近1/3的经营活动现金用于支付各种税费。2013~2016年，创业板上市公司支付税费（减去收到的税费返还）占经营活动现金净流量比例的中位数为0.3236，标准差为33.5496；2017年和2018年创业板上市公司支付税费（减去收到的税费返还）占经营活动现金净流量比例的中位数为0.2898，标准差为3.6687。2009~2018年创业板上市公司支付税费（减去收到的税费返还）占经营活动现金净流量比例的中位数为0.3147，支付税费对于创业板上市公司现金流的影响非常大。可以看出，随着时间的推移，经营活动净现金中用于支付税收的现金比例逐渐降低，从另外一个角度说明企业税收负担在逐渐降低。

税收直观的影响是降低企业可用资金从而影响投资。Brown等（2009）认为，税收会降低企业税后现金流，因而降低研发活动可用的现金。而Griffith等（1995）认为，税收优惠措施能够增加公司现金流，因而增加其研发活动投资。Fazzari等（1988）认为，在资本市场不完美带来的外部融资成本比较高的情况下，投资水平与现金流具有正相关关系。其他条件相同的情况下，税收负担低的企业，税收对现金流的影响相对较小。而税收负担越高的企业，税收活动占用现金的比例越高，税后现金流水平越低。根据Hovakimian（2009）的观点，现金流越低的公司，企业投资对于内部现金流变化的敏感程度越高。此时，如果内部现金流降低，研发投资会降低更多。税收带来的现金流出对研发投资的挤出效应越明显。

（2）税收相关的资源流出具有金额和时间两方面刚性限制，对内部资金投资带来的约束比一般债务强。税收不同于一般经营性负债之处在于税收支出具有支付形式和时间两方面的刚性约束。Hall和Lerner（2009）认为，偿还债务需要的持续现金流，导致企业更加难以为其研发项目提供资金支持。税收作为企业一项重要的特殊负债，需要在限定时间以现金形式支付，导致持续现金流出。税收优先原则以及不可谈判性使税收这种债务较其他普通债务对企业内部现金流带来更加严格的约束。企业预算必须考虑税收带来的现金流出时间和金额的影响。税收负担越高,对企业内部现金使用的制约作用越大,对创新投资预算的抑制作用越明显,从而加大研发投资对现金流的敏感性。

(3) 企业需要保持足够的现金储备以降低研发活动的调整成本,研发活动规模越大,需要的现金储备越高。研发活动需要向接受企业特定训练的研发人员(包括科学家、工程师以及技术工人)支付薪酬,如果企业根据经济波动调整相应的研发人员,就会产生额外的雇佣和培训成本。企业也不会轻易解雇研发人员以防止其掌握的研发项目相关私人信息扩散到竞争对手。因此,Brown 等(2012)认为,研发活动要求企业必须保留足够的现金储备来缓冲外部冲击带来的影响。而税收支付现金直接降低了企业现金储备能力,导致企业缩减其研发投资规模,直到其税后现金流量能够为研发投资活动提供足够现金储备为止。税收负担越重的企业,税收因素对企业现金储备能力的侵蚀越大,内部现金的变化对于研发投资规模影响也越大,表现出研发活动投入与现金流之间的敏感性越强。可以看出,税收通过占用现金、制约现金使用时间以及降低研发活动需要的现金储备等方式对企业内部现金流量构成外生冲击。Brown 等(2009)认为,对于受到外部融资约束的高科技公司,外生冲击引起内部现金流变化会影响研发投资规模,从而改变研发投资与现金流之间的敏感性。税收优先、税收支付的刚性约束制约研发活动的投资预算,以及研发活动的巨大调整成本要求的储备资金等因素,均会增加研发投资与现金流的敏感性。

另外,一般固定资产投资通过债务融资契约实现,利息税前扣除这种债务税盾作用降低了债务融资成本。而研发项目的内部融资成本并不能税前扣除,加大了研发投资的成本,也会降低企业进行研发项目投资的激励。因此,Brown 等(2012)认为,税收对研发项目投入的负向激励要比一般固定资产投资严重。税收负担越重的企业,可能更加倾向于投资固定资产以获得外部资金,享受利息税前扣除好处,从而降低研发活动投入,结果表现出更高的研发投资与现金流敏感性。税收负担越重的企业,现金流减少一个单位,其研发投资会降低更多,税收对实际研发活动投资的挤出效应越明显,表现出较高的研发投资现金流敏感性。基于上述分析,提出本书的研究假设 4-1:

假设4-1a：税收对研发投资具有直接挤出效应。

假设4-1b：税收对研发投资具有间接挤出效应，税收负担通过增强投资现金流敏感性影响研发投入能力。即税收负担越高的企业研发投资与现金流敏感性也越高。

4.3.3 研究设计

虽然企业经营是连续行为，但在持续经营情况下，企业在会计分期基础上按照会计年度编制并实施融资预算、投资预算以及经营预算，并按照会计年度计算会计利润和应纳税所得额。同时，考虑到计量模型设计的简约性（Parsimony），参照一般理论模型中普遍采用的方法，本书将企业过去经营行为对之后经营的影响抽象为滞后一期（第$t-1$期）对当期（第t期）的影响，设定相关计量模型，验证本书的研究假设。

4.3.3.1 计量模型设定

挤出效应实际上是税收降低企业内部现金流，税收的刚性特征又进一步限制了现金使用的弹性。现金以及现金使用弹性降低均会抑制研发投资规模，表现出税收负担会增加研发投资现金流敏感性。因此，本书借鉴 Brown 和 Petersen（2009）的研发投入与现金流敏感性基本模型，控制影响研发投入的主要因素，引入税收负担影响，设定模型（4-1）验证研究假设4-1。

$$\left(\frac{TRD}{TA}\right)_{it} = \alpha_1 Size + \alpha_2 Leverage + \alpha_3 Intang + \alpha_4 roe + \alpha_5 Capinten + \beta_1 tobinq_{i,t-1} +$$

$$\beta_2 tax_{i,t-1} + \beta_3 \left(\frac{CF}{TA}\right)_{it} + \beta_4 \left(\frac{CF}{TA}\right)_{it} \times tax_{i,t-1} + d_t + \varepsilon_{it} \quad (4-1)$$

其中，TRD 为研发活动支出金额，TA 为企业期初总资产①，CF 为经营现金流，tax 为税收负担，表示单位营业收入承担的总税收费用。tax_{t-1} 代表滞后一期

---

① 由于财务报告并没有提供研发资本的存量指标，研发资本存量也不容易被估计。研发投入强度大的公司，往往其固定资产也比较少，应用固定资产对变量进行规模化处理也不适当。因此，Brown 和 Petersen 使用期初总资产对变量进行规模化处理。

的税收负担。tobinq 为托宾 Q 值,控制预期投资需求的影响,Size 为规模,Leverage 为财务杠杆,Intang 为无形资产占总资产的比例,roe 为净资产收益率。参考 Durnev 和 Kim(2005)等文献,本书将托宾 Q 值定义为总资产加上权益市场价值减去权益账面价值除以总资产。d_t 为控制年度固定效应。ε_{it} 为随机残差项。模型(4-1)说明如果第 $t-1$ 期税收导致内部现金流减少一个单位,第 t 期研发投资规模降低 $\beta_3 + \beta_4 tax_{i,t-1}$ 个单位。若 β_2 小于 0,说明上期税收负担越高的企业,本期研发投入强度越低,表现为直接挤出效应,验证假设 4-1a。若 $\beta_4 > 0$ 说明第 $t-1$ 期税收负担会放大第 t 期研发投资与内部现金流之间的敏感性程度,税收负担产生挤出效应。税收负担越高的企业,随后研发投资现金流敏感性越强,挤出效应越明显。表现为间接挤出效应。验证假设 4-1b。

4.3.3.2 变量定义

实证研究的变量定义如表 4-3 所示。

表 4-3 变量定义

变量	描述	变量定义
TRD/TA	研发投入强度	企业研发费用/期初总资产
Tax	总税收负担	(支付的各项税费-收到的税费返还)/营业收入
Size	企业规模	企业总资产的对数
Leverage	财务杠杆	企业总负债除以总资产
Intang	无形资产比率	无形资产除以总资产
Roe	净资产收益率	净利润除以净资产
Capinten	资本密度	固定资产除以总资产
tobinq	托宾 Q 值	(总资产+权益市场价值-权益账面价值)/总资产
CF/TA	现金流资产比	经营现金流/期初总资产

4.3.4 实证分析

4.3.4.1 描述性统计

主要变量的描述性统计如表 4-4 所示。从描述性统计可以看出,我国创业板上市企业研发投入强度平均值为7.13%,中位数为5.12%,平均值大于中位数,部分公司投入强度较高。而Hall和Oriani(2006)对西方发达国家企业的研发投入强度进行的统计显示,美国、德国、法国和英国的研发投入强度分别为4.9%、4.5%、4.2%和2.9%。我国创业板上市公司研发投入强度达到或者超过了欧美发达国家水平,创业板上市公司在研发投入方面具有内生的积极性。无论是平均值还是中位数都显示 $Taxb1(ETRa) < Taxb2(ETRb) < Taxb3(ETRc)$,使用ETRa和ETRb计算出的税收负担的极差要大于ETRc计算出的税收负担,但ETRc计算出的税收负担标准差大,可以显示出ETRc计算出的税收负担与ETRa和ETRb计算出的税收负担分布存在差异。

表4-4 主要变量的描述性统计

变量	最小值	最大值	平均值	中位数	标准差
RD	0.0002	0.9839	0.0713	0.0512	0.0649
$Taxb1(ETRa)$	-1.2283	1.4187	0.0348	0.0310	0.0446
$Taxb2(ETRb)$	-1.2231	1.4246	0.0458	0.0417	0.0472
$Taxb3(ETRc)$	-0.1639	0.5262	0.0619	0.0594	0.0485
Size	18.6794	25.0258	21.1435	21.0384	0.8382
Lever	0.0110	1.6869	0.2845	0.2561	0.1744
tobinq	0.1880	29.1694	3.4177	2.7399	2.5720
Capit	0.0000	0.6849	0.1494	0.1246	0.1145
Intanger	0.0000	0.6036	0.0398	0.0306	0.0403
ROA	-1.6290	0.4690	0.0487	0.0531	0.0897

注:个别企业研发投入强度很高,如中青宝(300052)2011年报告的研发投入强度更是达到98.39%。

但是,根据科学技术部统计数据,2008年我国的大中型工业企业R&D经费占产品销售收入仅为0.84%。2016年我国规模以上工业企业R&D经费投入强度为0.94%,解维敏和方红星(2011)发现,2002~2006年A股披露的企业研发投入强度平均值为0.84%,中位数为0.315%。显然,我国创业板公司的研发投入强度远高于大中型工业企业,创业板公司的研发投入行为与大中型工业企业存在很大差异。创业板上市公司研发投入的标准差为0.0649,小于平均值。说明创业企业间研发投入水平差异比较大。

我国创业板企业各年度研发投入强度的描述性统计如表4-5所示。由表4-5可以看出,创业板上市公司研发投入强度平均值基本呈现逐年上升趋势,中位数表现出的逐年上升趋势更加明显。创业板上市公司各年的研发投入强度标准差基本是在降低,也就是说上市公司之间的研发投入强度差异性在降低。基本上各个年度研发投入强度的平均值均大于中位数,说明各个年度均表现出少数公司研发投入强度比较高。研发投入强度的最小值呈现降低趋势,最大值也呈现降低趋势,也就是创业板上市公司年度研发投入强度的极差在减少。

表4-5 2009~2018年创业板上市公司研发投入强度变量的描述性统计

RD	平均值	标准差	中位数	最小值	最大值
2009年	0.0645	0.0631	0.0484	0.0035	0.3911
2010年	0.0583	0.0479	0.0437	0.0028	0.3991
2011年	0.0662	0.0747	0.0457	0.0003	0.9839
2012年	0.0726	0.0738	0.0495	0.0019	0.7185
2013年	0.0782	0.0768	0.0522	0.0003	0.5502
2014年	0.0719	0.0708	0.0485	0.0002	0.7256
2015年	0.0710	0.0664	0.0526	0.0004	0.7275
2016年	0.0706	0.0572	0.0537	0.0003	0.5261
2017年	0.0695	0.0556	0.0516	0.0002	0.4987
2018年	0.0751	0.0629	0.0563	0.0002	0.5882

注:RD为研发支出与营业收入的比值。

4.3.4.2 相关性分析

主要变量的Pearson和Spearman相关性分析结果如表4-6所示。可以看出:第一,Pearson相关系数和Spearman相关系数均显示企业的研发投入强度与税收负担正相关,二者的Pearson相关系数和Spearman相关系数在1%统计水平上显著为正。研发投入强度与税收负担二者的显著正相关关系可能说明税收负担越高的企业可能更愿意报告较高的研发投入强度以期降低其税收负担。第二，企业规模与研发投入强度的 Spearman 相关系数在 1% 统计水平上显著为负。规模越大的企业，研发投入强度越低。由于大企业在规模经济、风险分担和融资渠道等方面拥有相对优势，因此应该比小企业有更高的创新投入水平。这与"熊彼特假说"并不一致，可能是因为规模大的企业往往并不是创新能力强的企业，相对研发投入水平较低，同时表 4－6 中所采用的研发投入强度为研发支出除以营业收入，规模大的企业营业收入高，即使大企业研发投入较高，但是除以一个更大的营业收入后就显得比较低。第三，财务杠杆（Lever）与研发投入在 1% 统计水平上显著负相关，说明在研发投入高风险情况下，负债带来的偿债压力会抑制企业的研发投入，负债主要表现为风险效应，融资性负债很可能阻碍企业研发投入。第四，资本密度与企业研发投入在 1% 统计水平上显著负相关，说明主要依赖于固定资产的企业（更大可能是传统制造业）研发投入明显较低。

表 4－6　主要变量的相关性分析

变量	RD	Taxb3	Size	Lever	ROA	Capit	Intanger
RD	1	0.1986***	－0.1162***	－0.2644***	0.0328**	－0.2463***	－0.0206
Taxb3	0.0874***	1	－0.1131***	－0.2947***	0.2685***	－0.1288***	－0.0044
Size	－0.0917***	－0.1007***	1	0.4317***	－0.2190***	－0.0401**	0.0878***
Lever	－0.2233***	－0.2794***	0.4340***	1	－0.3033***	0.1337***	0.1191***
ROA	－0.0695***	0.1710***	－0.1456***	－0.3199***	1	－0.1075***	－0.1743***
Capit	－0.1980***	－0.1571***	－0.0576***	0.0921***	－0.0538***	1	0.2814***
Intanger	0.0377**	－0.0127	0.0919***	0.1114***	－0.1065***	0.1194***	1

注：左下角为 Pearson 相关系数，右上角为 Spearman 相关系数。

4.3.4.3　回归分析

少数异常值很可能改变回归分析结果，为了消除异常值带来的影响，在回归分析部分对所有比例变量都进行了去尾（Winsorize）处理（P＝0.01）。在构建交乘项时，对变量值进行了中心化处理，以保持系数的可比性，方便对系数进行解释。对总体样本进行回归时,当期现金流资产比与滞后一期的所得税税收负担(Z_{t-1})交乘项$(CF/TA)_t \times Z_{t-1}$的回归系数并不显著。可能是因为2012年开始试点"营改增"改革,"营改增"改革可能改变了企业税收负担和企业纳税行为,因此,区分2012年之前样本和2012年之后样本分别进行回归。

模型(4-1)的回归结果如表4-7所示。可以看出:

表4-7 挤出效应回归结果

变量	2012年前		2012年后	
	回归(a)	回归(b)	回归(c)	回归(d)
$Size$	0.0003	0.0002	-0.0029***	-0.0030***
	(0.100)	(0.06)	(-5.39)	(-5.42)
$Leverage$	-0.0228*	-0.0268**	-0.0024	-0.0023
	(-1.98)	(-2.19)	(-0.97)	(-0.95)
$Intang$	0.0992**	0.1040**	0.0370***	0.0370***
	(2.05)	(2.11)	(2.83)	(2.83)
Roe	0.0386	0.0449	0.0105**	0.0104**
	(0.88)	(1.02)	(2.03)	(2.02)
$Capinten$	0.0008	0.0016	-0.0188***	-0.0187***
	(0.056)	(0.12)	(-5.12)	(-5.12)
$(tobinq)_{t-1}$	0.0012	0.0011	0.0014***	0.0013***
	(0.84)	(0.77)	(6.01)	(5.98)
Z_{t-1}	-0.0368*	-0.0506**	-0.0632**	-0.0663***
	(-1.68)	(-2.23)	(-7.05)	(-6.47)
$(CF/TA)_t$	0.0065	-0.0425	0.0311***	0.0265**
	(0.32)	(-1.16)	(4.65)	(2.35)
$(CF/TA)_t \times Z_{t-1}$		0.6273*		0.0731
		(1.70)		(0.58)
R^2	32.59%	33.91%	27.44%	27.45%
F	12.325***	11.18***	43.06***	41.64***

注:因变量为TRD/TA,Z为ETRc;***、**、*分别代表1%、5%、10%的显著水平;括号内为t值;面板回归过程中控制了年度影响。

(1) 2012 年前的回归结果（b）显示，Z_{t-1} 的回归系数至少在 5% 统计水平上显著为负，说明上期税收负担高的企业，本期研发投入强度低，税收负担对企业研发投入产生挤出作用。税收负担减少企业现金流，会反映在次年的研发投入预算中。实证结果支持研究假设 4-1a。

$(CF/TA)_t$ 的系数均没有达到显著性水平，说明研发投入对现金流并不敏感。但当期现金流资产比 $(CF/TA)_t$ 与滞后一期的所得税税收负担（Z_{t-1}）交乘项 $(CF/TA)_t \times Z_{t-1}$ 的回归系数在 10% 统计水平上显著为正。说明企业所得税税收负担会加重随后期间研发投资与现金流的敏感性，即当期的现金流降低一个单位，随后的研发投资会降低 $-0.0425 + 0.6273 Taxb_{t-1}$ 个单位，当期的现金流增加一个单位，随后的研发投资会提高 $-0.0425 + 0.6273 Taxb_{t-1}$ 个单位。税收负担会导致现金流出，如果当期企业所得税税收负担导致现金流降低一个单位，则研发投资会降低 $-0.0425 + 0.6273 Taxb_{t-1}$ 个单位，产生挤出效应。显然，企业滞后一期的所得税税收负担越高，当期的研发投资与现金流的敏感性越大，挤出效应越明显。这种效应主要是由于税收负担对企业的投资预算带来刚性约束所致，企业在研发投资过程中必须考虑税收负担因素对现金流使用弹性的影响，税收负担越高的企业，税收因素对现金使用的约束越强，税收对研发活动的挤出效应就越明显。实证结果支持研究假设 4-1b。

(2) 2012 年之后的回归结果显示：Z_{t-1} 的系数显著为负，说明上期税收负担高的企业现金流量减少、内部融资能力下降、现金储备能力降低，从而导致其研发投入降低。$(CF/TA)_t$ 系数显著为正，说明经营活动现金流量正向影响研发投入，研发投入主要依赖于内部融资，经营活动现金流充裕的企业研发投入强度高。交乘项 $(CF/TA)_t \times Z_{t-1}$ 回归系数并没有达到传统的显著性水平，说明 2012 年之后企业总税收负担并不是通过加重随后期间研发投资与现金流的敏感性，从而降低研发投入。实证检验结果支持研究假设 4-1a。

2012 年之前和 2012 年之后的回归结果存在差异，说明营改增改革改变了税收影响企业研发投入的方式。2012 年之前，税收负担不仅直接挤出研发投入能力，而且还通过加大投资与现金流敏感性降低企业研发投入能力，也就是说，税收导致一个单位的现金流出，投资降低得更多。而2012年之后，税收负担主要通过直接挤出效应降低企业研发投入能力，并没有表现出通过改变投资现金流敏感性降低企业研发投入能力。但无论是2012年之前还是2012年之后，税收负担越高的企业，实际创新投资强度会越低。这一研究结论说明在我国企业实践中，税收负担确实在一定程度上影响企业创新投入能力，特别是税收负担越重，这种影响越大。

从控制变量看，2012年前的样本回归显示规模（Size）对企业研发投入（TRD/TA）并没有明显影响，但2012年后的回归中发现，规模对研发投入（TRD/TA）具有显著负向影响。财务杠杆（Leverage）2012年前的样本回归显示其对企业研发投入（TRD/TA）具有显著负向影响，但2012年后的样本回归显示其对企业研发投入（TRD/TA）并没有明显影响。无论是2012年前还是2012年后，无形资产（Intang）的回归系数至少在5%统计水平上显著为正，无形资产比例高的企业其研发投入强度也高。轻资产企业更多地依赖研发活动生成的知识资本生存发展，他们投入的研发资源较多。2012年前的样本回归显示盈利能力（Roe）、资本密度（Capinten）以及成长性（tobinq）对企业研发投入（TRD/TA）影响都不明显，但2012年后的样本回归显示盈利能力（Roe）、资本密度（Capinten）以及成长性（tobinq）对企业研发投入（TRD/TA）均表现出显著影响，且均符合理论预期。盈利能力（Roe）的回归系数在5%统计水平上显著为正，说明盈利能力强的企业，具有较强的研发投入能力，研发投入强度较高。资本密度（Capinten）回归系数在1%统计水平上显著为负，说明主要依赖固定资产等硬资产的企业往往是比较成熟的企业，创新投入水平相对较低。成长性（tobinq）的回归系数在1%统计水平上显著为正，成长性越高的企业，研发投入水平越高。主要是这些企业规模相对较小，创新性更强。

由于我国制造业2009年后一直适用消费型增值税体系，不受"营改增"的影响，因此，对制造业单个行业的检验如表4-8所示。从表4-8可以看出，无论是2012年前还是2012年后，税收负担（Z_{t-1}）的回归系数显著为负，说明制造业存在税收负担对研发投入的直接挤出效应。交乘项（CF/TA）$_t \times Z_{t-1}$的回归系数（无论是 2012 年前还是 2012 年后）均未达到传统的显著性水平，因为制造业不受税收体系的影响。结合表 4-7 的研究结论可以认为，增值税体系下，企业的税收负担会直接挤出企业的研发投入，而不是通过增加投资现金流敏感性间接挤出企业研发投入。这一研究结论间接说明增值税有其优良特性。

表 4-8 制造业企业税收负担挤出效应回归结果

变量	2012 年前		2012 年后	
	回归 (a)	回归 (b)	回归 (c)	回归 (d)
$Size$	0.0031 (1.110)	0.0029 (1.110)	-0.0026*** (-4.320)	-0.0026*** (-4.362)
$Leverage$	-0.0089 (-0.900)	-0.0115 (-1.17)	0.0011 (0.421)	0.0013 (0.493)
$Intang$	0.0252 (0.841)	0.0294 (0.970)	-0.0023 (-0.180)	-0.0025 (-0.192)
Roe	0.0230 (0.500)	0.0273 (0.601)	0.0057 (1.032)	0.0057 (1.031)
$Capinten$	-0.0083 (-0.642)	-0.0078 (-0.586)	-0.0212*** (-5.642)	-0.0213*** (-5.656)
$(tobinq)_{t-1}$	0.0022 (1.542)	0.0022 (1.462)	0.0016*** (6.741)	0.0017*** (6.662)
Z_{t-1}	-0.0361* (-1.842)	-0.0422** (-2.232)	-0.0652** (-6.802)	-0.0707*** (-6.392)
$(CF/TA)_t$	0.0035 (0.223)	-0.0242 (-0.871)	0.0179** (2.493)	0.0096 (0.767)
$(CF/TA)_t \times Z_{t-1}$		0.3322# (1.281)		0.1310 (1.000)
R^2	14.29%	15.08%	14.09%	14.13%
F	2.15**	2.211**	13.43***	13.15***

注：因变量为 TRD/TA，Z 为 ETRc；***、**、*分别代表 1%、5%、10%的显著水平，#为 20%显著性水平；括号内为 t 值；回归过程中控制了年度影响。

4.4 加计扣除税收激励对企业创新报告行为的扭曲

4.4.1 假设提出

在信息不对称下，管理层的自利动机会促使他们进行盈余管理。合理避税是企业盈余管理的动机之一。避税动机的盈余管理研究关注企业跨期或者跨地区转移利润，跨地区转移利润包括利用避税港进行避税。盈余管理分为应计盈余管理和实际活动盈余管理。由于研发活动具有信息不对称特征，企业很可能利用研发活动进行实际活动盈余管理，例如通过削减研发支出、销售操控等进行盈余管理。Dechow 和 Sloan（1991）发现，CEO 在任职的最后一年会大幅削减 R&D 支出。Graham 等（2005）对 401 位美国企业高管人员调查发现，80% 以上的高管通过削减 R&D 费用达到盈余目标。Beatty 和 Harris（1999）认为，信息不对称强化企业盈余管理动机。在信息不对称和不完善的情况下，经济人会利用研发活动的会计处理方法、税收激励政策等进行避税。经济的本质在于激励。税收激励政策可能会激励企业利用税收激励政策从事避税目的，而不是专注于创新投入，导致税收激励政策在实施过程中偏离原来的方向，从而削弱税收激励政策的实施效果。

4.4.1.1 信息不对称情况下，加计扣除激励政策带来的杠杆作用使研发活动相关支出成为企业进行盈余管理的最有力工具

尽管盈余管理动机有多种，但这些不同的动机大都可以归结到业绩。在以业绩为基础的薪酬契约环境下，高管会为了获得更高薪酬或者建立声誉进行盈余管理。在资本市场环境下，是否会达到盈余预期在很大程度上影响股价走向，资本市场的压力也会激发管理层进行盈余管理。Stein（1989）认为，资本市场的外在压力带来的短视行为（Myopia）会加剧管理层增加当期会计利润的激励。增加会

计利润也会导致企业应纳税所得额增加。Erickson（2004）认为，管理层为了避免税务机关的怀疑，虚增收入部分也同时会进入纳税申报表，结果会增加企业的实际税收负担。而 Hanlon（2003）发现，企业会倾向于高报会计收益，低报应税收益。Hanlon（2005）认为，企业管理层如果在虚增当期收入的同时进行积极的节税活动，结果增加了财务舞弊暴露的可能性。特别是在信息化条件下，既要调增收入，又要调减应纳税所得额难度非常大。因此，企业管理层在盈余管理的过程中，需要考虑如何在报告较高会计收益的同时合理地降低应纳税所得额。研发投入税前加计扣除政策为调整会计利润与应税所得之间关系提供了有效工具。在我国研发投入税前加计扣除税收激励下，研发投入税前扣除额是企业研发投入的1.5倍。如果报告的研发投入增加一个单位，会计利润最多减少一个单位，但应纳税所得会降低1.5个单位。2017年11月8日，国税总局公告［2017］第40号文将研发费用加计扣除比例由50%提高到75%，进一步加大了企业增加研发投入的激励。显然，充分利用研发投入税前加计扣除这一政策可以保证会计利润降低的速度小于应税利润降低的速度，达到保持较高的会计利润的同时降低税收负担这一目的。

4.4.1.2 研发支出项目复杂性以及研发费用界定困难为企业提供更多的避税机会、避税空间和避税收益

信息不对称为企业利用研发投入进行盈余管理创造了条件，研发投入项目复杂性为企业利用研发活动盈余管理提供了操作空间。企业的传统产品生产业务和企业创新活动业务并不是完全分离的，由于企业研发投入项目繁杂，包括设备投资、人员薪酬等，税前加计扣除项目本身存在界定困难，企业可能对研发项目进行重新归类以利用税收优惠政策来避税。Griffith 等（1995）认为，税收激励政策的一个非常重要的问题是企业会将其他活动的成本计入研发活动费用，且研发活动本身定义的模糊性加重了这一问题。在信息不对称情况下，管理层可以通过将非研发活动支出计入研发投入，或者通过当期研发投入与未来期间研发投入、费用化与资本化的研发投入等的划分来操纵当期的应税所得进行避税。这样，企业报告的研发投入强度与实际研发投入强度背离，真实发挥作用的研发投入可能

没有报告的多。

4.4.1.3 研发支出项目复杂性以及研发费用界定困难等因素导致研发活动支出项目具有非独立可识别特征,从而增加税务当局和外部审计机构的监督成本

Tassey(1996)认为,税收激励政策计算基础的界定困难会扭曲企业研发费用归类行为并会增加税收管理成本。根据 Alm 和 Torgler(2011)的避税博弈理论,理性经济人会通过调高非独立可识别的扣除项目进行避税,因为这样的避税行为不容易被识别和惩罚。代理问题也会降低税务机关和外部审计机构对研发费用支出甄别过程的努力程度。这些因素都会大大降低企业利用研发费用避税时受到处罚的可能性,进而降低避税成本。

另外,纳税企业与税务机关在税收征纳过程中是一种博弈关系,在信息不对称情况下,税务机关通常利用横向和纵向可识别的指标来判断企业纳税行为是否存在异常,纳税水平低于正常范围的企业很可能成为税务稽查的对象。管理层如果在企业实际税收负担比较低的情况下,进行积极避税活动,就会增加成为税务稽查对象的风险。但在实际税收负担比较高的情况下,进行避税活动则既能达到避税目的,又能够降低成为稽查对象的可能性,从而降低避税风险和避税成本。因此,实际税收负担越高的企业利用研发支出加计扣除政策避税的动机会越强。

研发投入加计扣除政策在平衡会计利润与应税所得方面具有独特的杠杆作用,成为企业实施避税行为的有力工具。资本市场压力导致的管理层短视行为激发管理层增加会计利润,降低税收负担的动机。而研发项目难以界定以及难以独立识别的特性带来较高的避税收益和较低的避税成本,使企业管理层利用税收优惠政策进行避税成为可能。企业会充分利用自身的信息优势,通过将非研发活动费用计入研发活动以及在各期之间调整研发活动支出金额等重新归类方式,改变报告期的研发投入金额来降低应税所得,进而降低税收负担。税收负担越高的企业,利用税前加计扣除政策降低税收负担的动机更强,报告的研发投入强度也较高。据此,提出本书的研究假设 4-2:

假设 4-2:税收负担越高的企业,利用报告的研发投入水平避税的动机越强。

4.4.2 研究设计

4.4.2.1 计量模型设计

企业实际研发投入是在预算约束下的投资行为，调整研发投入投资需要过程，税收对实际研发投资活动的影响表现出滞后性，但企业发现自身的税收负担比较高，利用加计扣除政策的杠杆特性，在信息不对称情况下通过盈余管理手段增加报告的研发投入强度并不需要滞后，当期就可以实现。根据上文分析，企业税收负担会影响创新投入，而在研发投入税前加计扣除的情况下，企业出于避税动机增加报告的研发投入会降低企业税收负担。研发投入强度与税收负担之间相互影响，可能存在内生性关系。因此，通过设定由模型（4-2）和模型（4-3）构成的联立方程组模型，在控制可能存在的内生性问题基础上，对提出的研究假设进行稳健性检验。

$$\begin{cases} RD_t = \beta_0 + \beta_1 Tax_t + \beta_2 Tax_{t-1} + \phi_1 Size + \phi_2 Leverage + \phi_3 Capit + \\ \qquad \phi_4 ROA + \phi ind + \gamma year + \mu & (4-2) \\ Tax_t = \alpha_0 + \alpha_1 RD_t + \alpha_2 RD_{t-1} + \chi_1 Size + \chi_2 Leverage + \chi_3 Capit + \chi_4 ROA + \\ \qquad \chi_5 Invent + \delta ind + \eta year + \varepsilon & (4-3) \end{cases}$$

其中，RD_t 代表第 t 期的研发投入强度，Tax 为税收负担（$ETRa$ 和 $ETRb$）。联立方程中，模型（4-2）根据企业创新投入影响因素选择控制变量（$Size$、$Lever$、$Capit$ 和 ROA），模型（4-3）根据影响税收负担的因素选择控制变量（$Size$、$Lever$、$Capit$、ROA 和 $Invent$），其中 $Invent$ 为存货密度（存货占总资产的比例），ind 为行业虚拟变量，$year$ 为年度虚拟变量，μ 和 ε 为残差项。模型中如果 $\beta_2 < 0$ 主要说明税收负担对创新投入的挤出效应，支持研究假设 4-1a；模型中如果 $\beta_1 > 0$ 主要说明税收负担越重的企业，利用研发支出进行避税的动机越强，越倾向于报告较多的研发支出，表现出避税效应，支持研究假设 4-2。

联立方程模型估计有两种，即 2SLS 和 3SLS。2SLS 估计属于单方程方法，每次只对系统中一个方程进行估计，没有考虑方程间系数之间的相互约束作用，属

有限信息方法 (Limited Information Method)。但在2SLS估计下,只要单个方程的工具变量是外生的,就可以得到该方程的一致估计。如果研究中对工具变量的外生性持怀疑态度,那么2SLS估计就可以将比较差的工具变量限定在一个特定方程中,降低其影响程度。Larcker和Rusticus (2010) 认为,一般联立方程模型均须提供2SLS估计结果。因此,在稳健性检验部分首先使用2SLS估计,然后再使用基于全部信息的估计方法——三阶段最小二乘法 (3SLS) 进行估计。

4.4.2.2 变量定义

本部分根据已有研究文献,在模型中引入了必要的控制变量。本部分变量定义和说明如表4-9所示。

表4-9 变量定义

变量	描述	变量定义
RD	研发投入强度	企业研发费用/营业收入
ETRa	所得税负担	(所得税费用+递延所得税资产-递延所得税负债)/营业收入
ETRb	总税收负担	(所得税费用+递延所得税资产-递延所得税负债+营业税金及附加)/营业收入
Size	企业规模	总资产的自然对数或者企业总人数的自然对数
Lever	财务杠杆	期末总负债/期末总资产
Capit	资本密度	固定资产/年末总资产
ROA	总资产收益率	净利润/总资产
Invent	存货密度	存货/总资产

主要变量的定义及说明如下:

(1) 研发投入强度。企业研发投入强度一般用企业研发费用占企业营业收入的比重来衡量。本书同样使用这一指标代表研发投入强度。

(2) 税收负担。企业所得税是成功企业中税收负担的最主要部分,而这些成功企业通常是创新活动的主力,研发投入比较大。随着资本的国际流动,看似由资本生成的企业所得税实际源于劳动。因为企业所得税降低了企业实物投资和研发支出,每个工人与更少的物质资本和智力资本匹配,因而生产出更少产品导致收入减少,企业所得税的70%最终由劳动者负担(Randolph,2006)。公司所得税实际上是对个人所得税的调节,对于留存在企业中的收益可以避税。因此,本节定义所得税税收负担(ETRa)=(所得税费用+递延所得税资产-递延所得税负债)/营业收入,并在此基础定义总税收负担(ETRb)=(所得税费用+递延所得税资产-递延所得税负债+税金及附加)/营业收入和总税收负担(ETRc)=(支付的各项税费-收到的税费返还)/营业收入。

(3)企业规模。大企业在规模经济、风险分担和融资渠道等方面拥有相对优势,应该比小企业有更高的创新投入。Mansfield(1971)发现,新技术的传播一般是一个缓慢的过程,企业规模、企业技术革新、投资的预期利润率、企业的增长速度、企业的整体盈利水平以及企业的流动性情况都会影响技术传播速度。Mansfield(1971)同样发现,企业和行业的研发投资对企业和行业的生产率的提高速度有重要影响。无论是基础研究还是应用研究,个体研究还是联合研究都会明显提高生产率。Arikawa等(2011)发现,只有新兴市场的年轻小公司面临融资约束,资产规模小并且财务杠杆高的公司研发投入水平较低。大公司根据最优杠杆获得债务融资为研发投入融资,大企业的当期现金流对研发投入并没有明显影响。企业在研发投入方面也体现出规模经济特征,企业规模越大,研发投入也越强,因为规模大的企业在资本市场上声誉高,大企业的多部门结构也有利于降低企业风险。相对于小企业,大企业往往能够借助于更加不可分的知识或者资源,因而企业规模与创新正相关。

(4)财务杠杆(Leverage)。Titman和Wessels(1988)发现,研发投入与财务杠杆具有负相关关系。高杠杆可能提高企业的融资成本从而降低研发投入能力。如果债务是外部融资的边际资源,信贷约束会严重影响企业投资决策。Ogawa(2007)应用日本1988~1991年以及1999~2001年企业样本研究发现,在20世纪90年代财务杠杆对企业研发投入具有显著负的影响,而在20世纪80年代财务杠杆对企业研发投入的影响并不明显。Arikawa等(2011)发现,对于高杠杆公司,增加负债会导致研发投入强度降低,而对于低杠杆公司,债务融资对研发投入的影响并不明显。这种差异主要是因为高杠杆公司违约概率高,高杠杆公司债务融资增加一单位时,债务成本的边际增加量要高于低杠杆公司。

(5)资本密度反映企业资产特征,Chava 和 Purnanandam(2010)认为,固定资产与总资产的比(资本密集度)代表企业债务融资过程中的担保能力,会影响企业外部融资能力,从而影响研发强度。固定资产与总资产的比也代表企业资产的流动性,该比例越大,说明企业的资产的流动性越差,可能会阻碍企业创新。

(6)Xu 等(2007)认为,盈利能力强的企业,内部融资能力也越强,具有较高的研发投入强度。本书认为企业的创新活动面临信息不对称和高风险,创新项目主要依赖于内部融资,盈利能力强的企业创新活动面临的融资约束越低。

(7)存货密度,用存货除以总资产。

根据上述分析,在模型(4-2)和模型(4-3)中引入企业规模(Size)、财务杠杆(Lever)、资本密集度(Capit)、盈利能力(分别用总资产收益率(ROA)和净资产收益率(ROE)代表企业的盈利能力)作为控制变量。另外,不同行业技术机会存在很大差异(Foreman - Peck 和 James,2013),为了控制行业特征的影响,根据证监会行业分类标准,本书还引入了一组行业虚拟变量(ind),回归中也同时引入年度虚拟变量,控制年度效应。

4.4.3 两阶段回归分析

由于税收的汇算清缴需要时间,当年税收导致的现金流量流出量只有在下个年度才能确定,但根据权责发生制计算的税收负担在企业会计处理过程中会慢慢体现出来,年末如果预期到企业的税收负担比较高,企业可能会通过费用划分费等方式增加报告的研发投入强度,享受更多的税收优惠,降低企业税收负担。因此,本部分的回归分析,采用基于权责发生制基础计算的税收负担指标。联立方程回归中所有比例回归变量都进行了去尾(Winsorize)处理(P = 0.01),以消除异常值的影响。本书使用两阶段最小二乘法(2SLS)对由模型(4-2)和模型(4-3)组成的联立方程模型进行估计,估计结果如表 4-10 所示。

表4-10 研发投入强度与税收负担之间关系的回归结果（2SLS）

因变量	回归结果（1）		回归结果（2）	
	RD	ETRa	I	ETRb
Z 取值	ETRa	Z = RD	ETRb	Z = RD
Z	3.7198***	6.2857***	2.9864***	7.9949***
	(6.03)	(3.70)	(6.12)	(3.47)
L.Z	-2.5301***	-5.0217***	-1.7679***	-6.3805***
	(-5.40)	(-3.68)	(-4.17)	(-3.45)
Size	-0.0037*	0.0054	-0.0029	0.0063
	(-1.81)	(0.89)	(-1.55)	(0.82)
Lever	-0.0850***	0.1563***	-0.0759***	0.2034***
	(-8.27)	(2.81)	(-7.58)	(2.71)
Capit	-0.0844***	0.0894*	-0.1002***	0.1249*
	(-6.00)	(1.75)	(-8.03)	(1.87)
ROA	-0.2866***	0.4405***	-0.2498***	0.5146***
	(-8.42)	(3.45)	(-8.63)	(3.11)
Invent		0.1086		0.1503*
		(1.58)		(1.65)
_cons	0.1656***	-0.1063	0.1433***	-0.1887
	(3.90)	(-0.48)	(3.56)	(-0.60)

注：***、**、*分别代表1%、5%、10%的显著水平；回归结果（1）中的实际税收负担使用的是所得税收负担（ETRa），回归结果（2）中的实际税收负担使用总体税收负担（ETRb）；括号内为t值；回归中控制了行业和年度。

在回归结果（1）中，研发投入强度模型（因变量 RD）回归结果可以看出，当期实际所得税负担（ETRa）的系数在1%统计水平上显著为正，企业感受到当期税收负担较重情况，企业会很快调整其报告策略，通过盈余管理手段调升研发投入强度，表现出报告的研发投入强度也越高。说明企业具有利用研发活动进行避税的动机，当企业预期到其税收负担比较高时，会通过虚列研发活动支出金额，获得更多的税前加计扣除进而降低企业实际税收负担。滞后一期的税收负担回归系数显著为负，说明税收负担越高，降低企业现金持有并损害企业研发投入能力,对未来的投资产生挤出效应。实证结果支持本章的研究假设 4-1a 和假设 4-2。

在回归结果(2)中(因变量为总税收负担 ETRb),回归结果与回归结果(1)(因变量为所得税税收负担 ETRa)一致。使用不同的实际税收负担计量方法,得到的结论均支持本书的研究假设。

从控制自变量看,规模(Size)的回归系数基本显著为负,与相关性分析结果一致。规模(Size)大的企业受规模递减效应影响,可能成长性差一些,研发投入相对较低。财务杠杆(Leverage)回归系数显著为负,负债率高的企业风险大,面临较大的还债压力,对风险较高的研发投入活动投资比较少。资本密度(Capinten)的回归系数显著为负,资本密度越高的企业研发投入水平越低,主要是因为资本密度越高的企业更多的是传统产业,比较成熟,创新空间不大,研发投入水平较低。

4.4.4 稳健性检验:三阶段回归分析

鉴于两阶段最小二乘法是一个单方程的有限信息估计方法,它先使用普通最小二乘法(OLS)得到内生变量的预测值,然后再用该预测值与解释变量、控制变量一起估计另外一个方程。而三阶段(3SLS)最小二乘法是一个系统方法,所有方程同时估计,它可以纠正模型中存在的自相关和异方差问题。因此,本书对模型(4-2)和模型(4-3)组成的联立方程进行三阶段(3SLS)估计,结果如表 4-11 所示。从三阶段(3SLS)回归结果看,回归结果与 2SLS 估计结果一致,3SLS 回归结果也支持本章的研究假设。

表 4-11 研发投入强度与实际税收负担之间关系的三阶段回归结果(3SLS)

	回归结果(1)		回归结果(2)	
因变量	RD	ETRa	RD	ETRb
Z 取值	ETRa	Z = RD	ETRb	Z = RD
Z	3.7197*** (6.04)	5.0496*** (3.01)	2.9864*** (6.13)	4.0448* (1.78)

续表

因变量	回归结果（1）		回归结果（2）	
	RD	ETRa	RD	ETRb
Z 取值	ETRa	Z = RD	ETRb	Z = RD
L. Z	-2.5301***	-2.9991***	-1.9573***	-1.8437
	(-5.41)	(-2.23)	(-5.20)	(-1.01)
Size	-0.0037*	0.0088	-0.0029	0.0079
	(-1.81)	(1.48)	(-1.55)	(1.05)
Lever	-0.0850***	0.2105***	-0.0759***	0.2092**
	(-8.28)	(3.85)	(-7.59)	(2.83)
Capit	-0.0844***	0.2182***	-0.1002***	0.2531***
	(-6.01)	(4.38)	(-8.04)	(3.87)
ROA	-0.2866***	0.5287***	-0.2498***	0.5271***
	(-8.42)	(4.20)	(-8.64)	(3.23)
Invent		0.0996		0.0778
		(1.62)		(0.95)
_cons	0.1655***		0.1433***	-0.1409
	(3.90)		(3.56)	(-0.50)

注：***、**、*分别代表1%、5%、10%的显著水平；括号内为Z值；回归中控制了行业和年度，限于篇幅，没有报告常数项、行业和年度的回归结果。

由表4-11可以看出，三阶段回归结果与两阶段回归结果一致，说明本书的研究结论是稳健的。税收负担高的企业避税动机越强，税收负担低的企业避税动机越弱，激励创新投入的税收政策需要考虑降低实际税率。Bayer 和 Sutter（2009）认为，降低税率有利于那些遵守税法的纳税人，能够在较大程度上增加企业创新努力程度和社会净福利。但在我国目前的税收执法环境下，税收负担受到执法过程的影响，通过降低名义税率来降低实际税率进而降低避税动机的作用有限。需要通过优化税收环境等降低企业实际税收负担，特别是降低非税负担，使企业有更多的资金投入必需的创新活动，降低创新投入与现金流的敏感性带来的影响，提高企业创新投入能力。

实证结果说明，在我国现行税收负担状况和对企业研发活动进行加计扣除激励的税收环境下，税收负担会挤出企业创新投资能力（挤出效应），加计扣除税收激励政策导致企业通过操纵研发支出报告行为进行避税（避税激励），两种现象同时存在。企业真实的创新投资受年度预算限制，主要表现出滞后性。而避税行为调整成本低，主要表现为实际税收负担对当期报告的创新投入的影响，但上期实际税收负担越高的企业通过增加列报研发支出金额，降低未来税收负担的动机越强。在避税动机下，企业列报的研发支出水平并不代表其真实的创新投入强度。"加计扣除"税收激励政策在实施过程中会偏离政策激励初衷，企业即使没有真实的创新投入，也能获得税收激励的好处，从而影响"加计扣除"政策的实施效果。

根据本书的理论分析和实证研究结果，企业报告的研发投入强度可以分解为真实研发投入强度（与企业内在创新需求相对应的研发投入）和操纵性研发投入强度（将非研发支出列报进入研发支出等虚列的研发投入）两部分。政策制定者需要考虑在税收激励企业创新行为的过程中，改进税收激励政策激励企业提高真实研发投入强度，降低与避税动机相关的操纵性行为。"收入减税"税收激励政策在实施过程中需要的信息简单、"收入"信息受到市场其他方的约束因而不易受到操纵，从而能够降低税收激励政策实施过程中的负面效应，改进税收激励的效果。

4.5 本章小结

本章利用我国 2009~2018 年创业板上市公司数据，研究了我国现实的税收负担以及研发费用税前加计扣除政策对企业研发投入强度的影响。巧妙地通过从税收负担改变企业投资现金流敏感性这一视角，设计计量模型，为"税收负担影响企业投资"这一传统经济学命题提供了现实经验证据。同时，在税收激励效果不理想进而存在争议的情况下，为加计扣除税收激励政策存在的合理性提供了现实经验证据。研究发现，税收负担不仅通过直接降低现金流挤出研发投入，其影响研发投入的另外一个途径是改变投资现金流敏感性。具体而言，税收负担增加投资现金流敏感性，税收导致单位现金流出会放大现金减少对研发投入的影响。

由于税收负担对企业的投资预算带来刚性约束，在研发投入过程中企业必须考虑税收因素对现金使用弹性的影响。在其他条件相同的情况下，税收负担越高的企业，税收因素对现金使用的约束越强，税收负担越高的企业研发投资与现金流敏感性也越高。在高投资现金流敏感性情况下，税收负担越高的企业，税收对研发活动的挤出效应就越明显；税收负担越重的企业，利用研发支出进行避税的动机越强，越倾向于在当期报告较多的研发支出。实证结果说明，在我国现实的税收政策环境和内部投入要素高度信息不对称的情况下，企业会明显利用研发投入加计扣除政策，通过报告较高的研发支出，加大税前扣除金额来达到避税目的。实际税收负担越高的企业，通过研发费用进行实际活动盈余管理，其被处罚的可能性也越低，通过增加研发活动税前扣除金额降低税收负担的动机越强。在避税动机驱动下，企业报告的研发投入强度会高于创新活动实际研发投入强度。企业报告的研发投入强度包含实际研发投入强度和操纵性的研发投入强度。显然，以降低税收负担为目标虚报的研发投入降低了财务报告信息质量，加计扣除激励政策在实施过程中导致企业将资源转移到操纵财务报告行为上，企业即使不进行实际创新投入，也能获得税收激励的好处，从而影响税收激励政策实施效果。

根据本章的研究结论，笔者提出需要优化创新活动的税收激励政策。以创新要素投入为基础的激励政策（如加计扣除政策）在实施过程中会扭曲企业的创新报告行为。经济激励政策往往改变私人行动的收益和成本，当决策者未能考虑到行为如何由于政策的原因而变化时，政策会带来他们意想不到的效果。在信息不对称情况下，创新要素投入加计扣除激励政策引发企业扭曲创新报告行为这种政策制定者不希望出现的后果。加计扣除政策实施过程中的副作用也在一定程度上说明了加计扣除政策激励失效的原因。在创新投入项目众多、信息不对称的情况下，降低税收激励政策实施需要的信息数量、提高可验证性信息在激励企业创新中的作用是防止企业违背税收激励政策制定初衷,改善激励效果的重要方法。

基于上述分析,笔者提出支持创新投入的税收激励政策需要从激励创新要素投入转变为激励企业创新产出,如采用创新收入减税激励政策,这样通过引入市场监督机制和市场甄别机制激发企业将创新资源投入社会需要的创新活动,从而提高创新活动效率。以创新产出(如创新产品收入)为基础的税收激励政策,第一,能够克服创新要素投入项目重分类以及资本化与费用化的判断等带来的重分类问题,从而缓解信息不对称问题带来的影响。第二,创新产出(如创新产品收入)受到严格增值税征税系统的外部控制,可以降低企业虚报高新产品收入的可能性,减少激励政策的负面作用,从而提高激励政策的实施效率。第三,现行的基于创新要素投入的"加计扣除"税收激励政策受地方同期财政承受能力的制约,经济欠发达地区政府执行政策的积极性受到抑制(范金等,2011)。政策实施过程中通过引入市场约束力量,可以有效降低政府执行政策意愿强弱对税收激励政策实施带来的负面影响,提高创新激励效果。第四,创新"收入减税"激励政策符合市场化激励方向,企业会更加努力实施质量高的创新项目获得更多的创新收入,从而有利于提高整个社会的创新效率。

5 中国与美国企业税收负担案例研究

由于各国税制结构存在很大差异，比较不同国家税收负担本身存在很大困难，导致关于"税收痛苦指数""死亡税率"等问题的持续争议。比较税收负担或者回答"死亡税率"说法是否科学等问题，需要可靠的数据和科学的方法，以消除先入为主的认识偏见或者简单数字对比带来的误解。在各国税制存在很大差异（即使在美国各州之间也存在税制差异），税收数据本身具有的保密性质增加了税收负担比较的难度。由于上市公司财务报告经过了独立审计，可靠性较高。本章选择美国和中国汽车业龙头上市公司福特汽车及上汽集团，基于上市公司财务报表数据，比较中美两国企业税收负担。通过案例研究直观展示中国企业和美国企业税收负担差异，回答是否存在"死亡税率"等问题。

实证研究和经验研究最终都要借助于统计检验，对理论进行的统计检验可以是严谨的，但是这种严谨性可能仅限于统计检验本身，而无法保障理论本身或应用理论所做解释的严谨性（毛基业和李高勇，2013）。统计检验要求理论必须在检验之前就存在，因此不能发展理论。统计检验仅仅是获得统计意义上的结论。案例研究可以为问题提供理论情境，并对特定的情境进行充分的描述（Eisenhardt，2016），特别适用于回答"如何""怎么样"（即"How"）的问题（Eisenhardt，1989）。因此，本章选择案例研究方法进行研究。

对于单案例研究，进行案例选择是要注意案例的极端性和启发性（Eisenhardt，1989）。案例分析中数据来源很重要，需要注意数据的丰富性和可信性。

笔者基于上汽集团和福特汽车两个汽车业龙头企业有代表性的案例，两个企业都是上市公司，利用上市公司财务报表数据通过实际案例分析揭示中美两国企业税收负担高低，分析具有可靠性，加深对企业税收负担问题的认识。

5.1 案例公司概况

5.1.1 美国福特汽车

5.1.1.1 公司简介

福特汽车公司由亨利·福特创建于1903年，目前总部位于密歇根迪尔伯恩，是一家全球性的汽车制造公司，目前在全球拥有约201000名员工和62家工厂。福特汽车核心业务包括福特汽车、卡车和越野车以及林肯豪华车的设计、制造、销售和维修。为了扩大业务领域，福特汽车正积极投资于电气化、自动化和运输等领域。除此之外，福特汽车还拓展了汽车金融相关服务，成立了福特汽车信用公司。

5.1.1.2 业务介绍

福特公司业务主要包括两个业务领域，即汽车业务（Automotive Sector）和相关金融服务业务（Financial Services Sector）。

（1）汽车业务。福特汽车业务主要包括福特和林肯品牌的汽车、部件和配件以及相关的开发、制造、分销和服务。福特公司的汽车业务分部包括北美洲、南美洲、欧洲、中东及非洲及亚太地区等区域业务单位。

2016年，福特汽车公司在世界各地批发销售约6651000辆车。基本上福特汽车所有的车辆、零部件和配件都是通过经销商出售，其中大部分经销商是独立法人。2016年12月31日，世界各地经销福特汽车品牌的经销商数量共11737家，其中福特品牌汽车10608家，福特林肯915家，林肯汽车214家。福特汽车的经销商比较分散,因此福特汽车并不依赖于单个经销商,损失单个经销商对福特汽车的影响非常小。

2015年和2016年,各大地区及每个地区的某些主要市场的汽车产量、福特汽车市场占有率和福特汽车销售数量如表5-1所示。

表5-1 各地区汽车产量、福特汽车市场占有率和福特汽车市场批发销售量

地区	汽车总产量（百万辆）		福特汽车的市场占有率（%）		福特汽车批发量（千辆）	
	2015年	2016年	2015年	2016年	2015年	2016年
美国	17.8	17.9	14.70	14.60	2677	2588
加拿大	1.9	2	14.4	15.4	285	313
墨西哥	1.4	1.6	6.4	6.2	93	103
北美	21.5	21.8	14	13.9	3073	3019
巴西	2.6	2.1	10.40	9.20	250	182
阿根廷	0.6	0.7	14.9	13.6	94	101
南美	4.2	3.7	9.6	8.8	381	325
英国	3.1	3.1	14.30	14.00	447	428
德国	3.5	3.7	7.3	7.6	261	283
俄罗斯	1.6	1.5	2.4	2.9	38	45
土耳其	1	1	12.6	11.4	128	116
欧洲	19.2	20.1	7.7	7.7	1530	1539
中东和非洲	4.3	3.6	4.40	4.50	187	161
中国	23.5	26.4	4.80	4.80	1160	1267
澳大利亚	1.2	1.2	6.1	6.9	71	82
印度	3.5	3.7	2.1	2.4	78	86
东盟	3.1	3.1	3.3	3.7	94	115
亚太	39.1	42.1	3.6	3.8	1464	1607
全球	88.2	91.4	7.40	7.30	N/A	N/A
总计	N/A	N/A	N/A	N/A	6635	6651

资料来源:福特汽车年报。

(2)金融服务业务。福特汽车的金融服务部分主要包括与汽车有关的融资

和租赁活动，由福特汽车的全资子公司"Ford Credit"向全世界的经销商提供金融服务。2015年1月1日之前，福特公司金融业务包括投资股票、房地产金融以及在欧洲对Volvo汽车的融资。2015年福特汽车重新调整了金融服务业务，将金融服务业务主要聚焦于汽车金融。例如，福特信用（Ford Credit）的收入主要源于零售汽车时的分期付款收入和汽车租赁业务收入、存款利息收入以及经销商融资计划的付款等。

目前"福特信贷"的商业中心以美国和加拿大为主。除此之外，欧洲是"福特信贷"最大的运营地，具体由设在英国的子公司"FCE"银行管理。截至2016年末，"FCE"银行65%的营业收入源于英国和德国市场。

2015年和2016年，"福特信贷"对福特、林肯汽车在美国零售和由经销商批发的融资份额以及福特汽车在欧洲零售和由经销商批发的融资份额如表5-2所示。

表5-2 "福特信贷"在美国及欧洲相关零售批发业务融资所占的份额

	2015年	2016年
美国—融资份额（%）		
零售（包含分期付款和租赁）	65	56
批发	76	76
欧洲—融资份额（%）		
零售（包含分期付款和租赁）	37	37
批发	98	98

资料来源：福特汽车年报。

5.1.1.3 福特汽车股权结构

福特汽车作为上市公司，经过多次融资，福特汽车的股权已经比较分散。内部人持股占比为23.97%，机构持股占比为7.61%。福特汽车前十大机构投资者持股份额、比例如表5-3所示。

表5-3 福特汽车前十大机构投资者

Holder（股东）	Shares（股权份额）	股权占比（%）	Value（美元）
Vanguard Group, Inc.（The）	264421059	6.78	2929785313
Blackrock Inc.	234567920	6.01	2599012535
Evercore Trust Company, N. A.	202946275	5.20	2248644711
State Street Corporation	160964378	4.13	1783485295
Franklin Resources, Inc.	87703958	2.25	971759847
Wellington Management Company, LLP	75762261	1.94	839445846
Bank of America Corporation	46550301	1.19	515777331
Northern Trust Corporation	41334177	1.06	457982678
Dimensional Fund Advisors LP	39199350	1.00	434328795
JP Morgan Chase & Company	38849533	1.00	464251911

资料来源：福特汽车2016年年报。

福特汽车公司的股权结构高度分散，虽然内部人员持股仅占23.97%，但仍然可以用很少的股权保留对福特公司的控制权。原因在于福特汽车股权结构是典型的双层股权结构，即"同股不同权"，与传统的"一股一权"原则相悖，双层股权结构中部分股权可以以"一股多票"方式投票，导致股东间实质不平等，拥有超级表决权的少数股东可能会利用表决权优势获得控制权。福特公司的双层股权结构可以使内部人以最小的资本掌握大部分的投票权。双层股权结构作为一种机制，把股东之间的现金流量权和投票权区分开来，在股权分散情况下可以有效防止恶意收购。

5.1.1.4 持股公司

除了直接经营和合资经营的工厂外，福特公司汽车业务的其他工厂采用合资方式经营。福特汽车主要的汽车合资企业有：

（1）泰国（Autoalliance）有限公司（AAT）——福特和马自达各占50%的股权，在泰国罗勇地区经营一个制造工厂。AAT公司负责福特和马自达产品在泰国国内销售与出口。

（2）长安福特汽车公司（CFA）——福特和重庆长安汽车股份有限公司各占50%的股权。长安福特公司目前经营五个组装厂，一个发动机厂以及一个变速箱厂，并销售福特轿车。

(3) 长安福特马自达引擎有限公司（CFME）——福特、马自达各占25%的股权，长安公司占50%的股权。公司位于南京市，为福特汽车和马自达汽车生产汽车发动机。

(4) 福特阿诺尼姆·西尔凯蒂公司（Ford Otosan）——福特与土耳其KOC集团各占41%的股权，公众投资者占18%的股权。福特Otosan公司在土耳其拥有三家工厂、一个零部件配送中心和一个研发中心。福特Otosan公司还生产载货汽车并出口一定的发动机和变速箱。

(5) 格特拉克福特汽车变速器有限公司（GFT）——福特公司与格特拉克国际公司各占50%的股权。格特拉克公司位于德国，在英国的哈利伍德，德国的科隆以及法国的波尔多等地均有生产企业。

(6) 江铃汽车集团公司（JMC）——福特汽车与江陵控股有限公司合资建立，福特汽车持股32%，江陵控股持股41%，其余27%的股东为公众投资者。江铃汽车主要经营两个装配厂和南昌发动机厂。江铃汽车组装的福特全顺、福特珠峰以及福特发动机主要在中国境内销售，部分产品出口境外。

5.1.2 上汽集团

5.1.2.1 上汽集团简介

上海汽车集团股份有限公司（以下简称上汽集团）于1997年11月在上海证券交易所挂牌上市（股票代码600104）。2006年经过重组，上汽集团成为中国A股市场最大的汽车业上市公司。上汽集团主要业务包括汽车制造、汽车服务贸易以及相关金融业务。上汽集团的经营模式为投资控股与实体运营相结合，通过股权投资控股上汽大众、上汽通用、上汽通用五菱等企业，对自主品牌业务进行实体运营。上汽集团是目前国内汽车产销规模最大的汽车集团，同时也是A股市场市值最大的汽车上市公司。上汽集团从2004年起，先后12次入围《财富》杂志世界500强企业，2016年上汽集团在500强企业中排名第46位。

5.1.2.2 业务介绍

与福特汽车类似，上汽集团的主营业务分为汽车相关业务和相关金融业务。

(1) 汽车业务。上汽集团的汽车业务主要包括研发、生产、销售汽车整车（包括乘用车和商用车）和汽车零部件（包括发动机、变速箱、电力电子器件、新能源核心零部件、底盘系统、内外饰等）。

上汽集团自主品牌乘用车 2016 年销量突破 32 万辆，同比增长 89%。全球首款量产互联网 SUV 荣威 RX5 上市 5 个月，销量超过 9 万辆；自主品牌轻型商用车上汽大通全年实现整车销售 4.6 万辆，同比增长 32%，上汽自主品牌销量增幅远高于行业平均水平；与此同时，上汽集团新能源汽车在 e550、e950 的带动下销售增长迅速，全年销售超过 2.5 万辆，同比增长 85%。上汽集团下属主要控股企业中，上汽大众成为全国第一家年销量突破 200 万辆的乘用车企业；上汽通用排名国内乘用车销量第二；上汽通用五菱整车年销量继续保持全国第一，其乘用车销量成功跻身国内前四。

(2) 金融业务。在金融业务方面，上汽集团通过"消费信贷人工智能审批系统"不断创新电子化和智能化的服务形式。上汽集团还创立了"好车 e 贷"互联网汽车金融品牌，推出了"神速贷"快捷放款产品。上汽集团还积极推进 PE/VC 项目投资，管理资产规模快速增长。上汽集团加快建设保险销售管理平台，推动保险创新服务。上汽集团通过整合金融资源，加强业务协同，为用户提供专业化、市场化、综合化的金融服务。

2016 年，上汽集团分行业、分产品、分地区的营业收入、营业成本以及毛利率增减变动情况如表 5-4 所示。

表 5-4 上汽集团分行业、分产品、分地区主营业务情况

主营业务分行业情况						
分行业	营业收入（元）	营业成本（元）	毛利率（%）	营业收入比上年增减（%）	营业成本比上年增减（%）	毛利率比上年增减（%）
汽车制造业	746236741228.56	650218105936.37	12.87	12.83	10.99	增加 1.45 个百分点

续表

主营业务分行业情况

分行业	营业收入（元）	营业成本（元）	毛利率（%）	营业收入比上年增减（%）	营业成本比上年增减（%）	毛利率比上年增减（%）
金融服务	10179423836.73	2185917356.04	78.53	12.18	-8.63	增加4.90个百分点
合计	756416165065.29	652404023292.41	13.75	12.82	10.91	增加1.49个百分点

主营业务分产品情况

分产品	营业收入（元）	营业成本（元）	毛利率（%）	营业收入比上年增减（%）	营业成本比上年增减（%）	毛利率比上年增减（%）
整车业务	564301490751.90	502515928898.24	10.95	11.58	9.50	增加1.69个百分点
零部件业务	144288509910.21	114859534193.23	20.40	14.76	13.52	增加0.87个百分点
贸易业务	9708826846.79	9272742731.13	4.49	-1.93	-2.29	增加0.35个百分点
劳务及其他	27937913719.66	23569900113.77	15.63	39.78	45.17	减少3.14个百分点
金融业务	10179423836.73	2185917356.04	78.53	12.18	-8.63	增加4.90个百分点
合计	756416165065.29	652404023292.41	13.75	12.82	10.91	增加1.49个百分点

主营业务分地区情况

分地区	营业收入（元）	营业成本（元）	毛利率（%）	营业收入比上年增减（%）	营业成本比上年增减（%）	毛利率比上年增减（%）
中国	726026800331.32	625335189557.38	13.87	10.66	8.70	增加1.55个百分点
其他	30389364733.97	27068833735.03	10.93	111.75	109.06	增加1.15个百分点

续表

主营业务分地区情况						
分地区	营业收入（元）	营业成本（元）	毛利率（%）	营业收入比上年增减（%）	营业成本比上年增减（%）	毛利率比上年增减（%）
合计	756416165065.29	652404023292.41	13.75	12.82	10.91	增加1.49个百分点

资料来源：上汽集团财务报告。

5.1.2.3 股权结构

上海汽车集团股份有限公司的股权结构高度集中，其控股股东上海汽车工业（集团）总公司占有其74.30%的股权，处于绝对控股地位。上汽集团与其控股股东控制关系如图5-1所示。

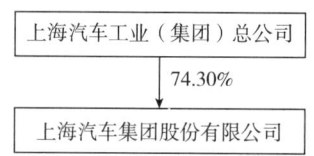

图5-1 上海汽车集团有限公司与控股股东控制关系

与美国福特汽车相比，上汽集团股权的高度集中在一定程度上有利于公司的经营激励，也可以避免成为收购兼并目标公司，对于保证公司正常运行有积极意义。但绝对控股下的"一股独大"也容易产生很多弊端，例如，大股东很容易侵占小股东利益，完全控制公司经营，进而导致公司治理结构不平衡、不完善，导致资源配置效率低下等问题。

2016年末上汽集团前十名股东持股情况如表5-5所示。

表 5-5　上汽集团前十名股东持股情况　　　　　单位：股,%

前十名股东持股情况				
股东名称（全称）	报告期内增减	期末持股数量	比例	股东性质
上海汽车工业（集团）总公司	—	8191449931	74.3	国有法人
跃进汽车集团公司	—	413919141	3.75	国有法人
中国证券金融股份有限公司	-4693072	298390619	2.71	未知
上海国际集团有限公司	-137396429	197012346	1.79	国有法人
香港中央结算有限公司	32037007	169337909	1.54	未知
中央汇金资产管理有限责任公司	—	100754000	0.91	未知
中国工商银行股份有限公司—中证上海国企交易型开放式指数证券投资基金	49621302	49621302	0.45	未知
中原股权投资管理有限公司	32647994	32647994	0.3	未知
中国工商银行—上证 50 交易型开放式指数证券投资基金	442859	24496223	0.22	未知
马来西亚国家银行	2448583	24061646	0.22	未知

5.1.2.4　持股公司

上汽集团在其子公司中的权益。上汽集团在国内外设立了 39 家子公司，分布在中国、英国、泰国、美国和印度尼西亚，上汽集团对子公司投资采取成本法核算。除此之外，上汽集团还有两家合营企业，上汽集团对合营企业投资采取权益法核算。

5.2　案例概况

5.2.1　福特汽车财务报表

企业财务报告，特别是上市公司财务报告经过独立审计，提供了比较可靠的关于企业财务状况、经营成果和现金流量信息。企业财务报告包含企业纳税相关信息,如在资产负债表债务法下,资产负债表中包括递延所得税资产和递延所得税负债,利润表中包括所得税费用信息,这些信息可以为评估企业税收负担提供可靠证据。

5.2.1.1 资产负债表

美国福特汽车 2015 年和 2016 年资产负债表如表 5-6 所示。

表 5-6 美国福特汽车公司合并资产负债表　　单位:百万美元

	2015 年	2016 年
资产		
现金及现金等价物(附注 5)	14272	15905
有价证券(附注 5)	20904	22922
金融服务金融应收款净额(附注 6)	45137	46266
贸易和其他应收款,扣除 372 美元和 392 美元	11042	11102
存货(附注 9)	8319	8898
其他资产	2913	3368
流动资产合计	102587	108461
金融服务应收账款净额(附注 6)	45554	49924
经营租赁的净投资(附注 7)	27093	28829
净资产(附注 11)	30163	32072
关联公司净资产权益(附注 10)	3224	3304
递延所得税资产(附注 21)	11509	9705
其他资产	4795	5656
资产总额	224925	237951
负债		
应付账款	20272	21296
其他负债及递延收益(附注 12)	19089	19316
一年内到期的汽车业务负债(附注 14)	1779	2685
一年内到期的金融服务负债(附注 14)	41196	46984
流动负债合计	82336	90281
其他负债及递延收益(附注 12)	23457	24395
汽车业务长期债务(附注 14)	11060	13222

5 中国与美国企业税收负担案例研究

续表

	2015 年	2016 年
金融服务长期债务（附注 14）	78819	80079
递延所得税负债（附注 21）	502	691
负债总额	196174	208668
可赎回的非控股权益（附注 15）	94	96
所有者权益		
股本（附注 22）	—	—
普通股，每股面值 0.01 美元（39 亿 7600 万股，授权发行 60 亿股）	40	40
B 类股票，每股面值 01 美元（7100 万股，授权发行 5 亿 3000 万股）	1	1
超过股票面值的资本	21421	21630
留存收益	14414	15634
累积其他综合收益（损失）（附注 18）	(6257)	(7013)
库存股	(977)	(1122)
归属于母公司福特汽车公司的所有者权益	28642	29170
归属于少数股东的所有者权益	15	17
所有者权益总额	28657	29187
负债与所有者权益总额	224925	237951

资料来源：根据福特汽车财务报告翻译。

5.2.1.2 利润表

美国福特汽车 2015 年和 2016 年利润表如表 5-7 所示。

表 5-7 美国福特汽车公司合并利润表　　　　单位：百万美元

	2015 年	2016 年
营业收入		
汽车业务	140566	141546
金融服务	8992	10253
其他	—	1
总收入（Total Revenues）	149558	151800
成本及费用		
销售成本	124041	126584

· 119 ·

续表

	2015 年	2016 年
销售、管理及其他费用	10502	12196
金融服务利息、经营及其他费用	7368	8904
总成本费用	141911	147684
汽车业务负债利息支出	773	894
非金融服务利息收入和其他收入（亏损）	1188	1356
金融服务其他收入（亏损）	372	438
对联营企业和合营企业的投资收益	1818	1780
所得税税前利润	10252	6796
所得税费用（收益）	2881	2189
净收益	7371	4607
减：收益/（亏损）归属于少数股东净收益	(2)	11
归属于母公司福特汽车的净收益	7373	4596
归于母公司福特汽车普通股和 B 股的每股收益		
基本每股收益	1.86	1.16
稀释每股收益	1.84	1.15
宣告分派的现金股利	0.6	0.85

5.2.1.3 现金流量表

美国福特汽车 2015 年和 2016 年现金流量表如表 5-8 所示。

表 5-8　美国福特公司现金流量表　　　　　　　　单位：百万美元

	2015 年	2016 年
经营活动产生的现金流量		
净利润	7371	4607
折旧和摊销	7993	9023
其他摊销	(27)	(306)
信贷和保险准备金	418	672
养老金和其他退休后福利（OPEB 费用）	512	2667
权益投资收益减去收到的股息收益（损失）	(333)	(178)
外汇调整	710	283

续表

	2015年	2016年
对联营企业和合营企业的投资收益（损失）	(42)	(139)
股票薪酬	199	210
批发及其他应收款的净变动	(5090)	(1449)
递延所得税	2120	1478
应收账款和其他资产减少（增加）	(3563)	(2855)
库存减少（增加）	(1155)	(815)
应付账款、预计负债和其他负债的增加（减少）	7758	6595
其他	(701)	(1)
经营活动所提供的现金净额	16170	19792
投资活动产生的现金流量		
资本支出	(7196)	(6992)
收购应收账款及经营租赁支出	(57217)	(56007)
收回应收款项和经营租赁现金流入	38130	38834
购买权益性及债务证券	(41279)	(31428)
销售或到期偿付权益及债务证券	40766	29354
与委内瑞拉有关业务的变化	—	—
衍生品清算	134	825
其他	500	62
投资活动所提供的现金净额	(26162)	(25352)
筹资活动产生的现金流量		
支付现金股利	(2380)	(3376)
购买普通股	(129)	(145)
短期债务净变动	1646	3864
发行其他债务所得	48860	45961
偿还其他债务本金	(33358)	(38797)
其他	(317)	(49)
融资活动所提供的现金净额	14322	7458
汇率变动对现金和现金等价物的影响	(815)	(265)
现金及现金等价物净增加（减少）	3515	1633
1月1日现金及现金等价物	10757	14272
现金及现金等价物净增加（减少）	3515	1633
12月31日现金及现金等价物	14272	15905

资料来源：福特汽车2015年、2016年财务报告。

5.2.2 上汽集团财务报表

5.2.2.1 资产负债表

上汽集团 2015 年和 2016 年资产负债表如表 5-9 所示。

表 5-9 上汽集团资产负债表　　　　　　　　　　　　单位：元

项目	2015 年	2016 年
流动资产：		
货币资金	72672666192.62	105932535526.29
以公允价值计量且其变动计入当期损益的金融资产	1221103619.65	1559753224.57
应收票据	36273968771.39	30038463383.46
应收账款	29332370952.75	30662080933.17
预付款项	13388651691.99	20529658025.70
应收利息	—	382043515.93
应收股利	1597857015.27	1622991754.82
其他应收款	5080900116.77	6960725526.23
买入返售金融资产	—	978112755.49
存货	37243441948.98	37039781805.92
划分为持有待售的资产	27459029.83	—
一年内到期的非流动资产	29213526240.21	52837948607.91
其他流动资产	44821975435.22	42452846627.08
流动资产合计	271255964530.61	330945560104.94
非流动资产：		
发放贷款和垫款	34676090843.68	46220053713.07
可供出售金融资产	65495009648.25	50484749497.34
长期应收款	801879818.41	1957243976.67
长期股权投资	59019671405.86	62677189671.79
投资性房地产	2684961353.45	2546831984.39
固定资产	38690585922.68	47053906445.66
在建工程	11856268860.79	13266057505.24
无形资产	8360918797.39	10794050663.91
开发支出	4298394.04	2391298.20

续表

项目	2015 年	2016 年
商誉	463459170.13	668658526.45
长期待摊费用	1286897910.97	1542669098.09
递延所得税资产	16991606228.73	20852244252.47
其他非流动资产	1368345230.79	1616530785.83
非流动资产合计	241699993585.17	259682577419.11
资产总计	512955958115.78	590628137524.05
流动负债：		
短期借款	4908346545.97	8728150584.10
向中央银行借款	—	—
吸收存款及同业存放	44384484259.05	43145588464.38
拆入资金	23429657800.31	27400000000.00
以公允价值计量且其变动计入当期损益的金融负债	7486291.00	—
应付票据	7282802230.82	11740912162.92
应付账款	99034578618.58	104730635798.55
预收款项	18317063798.28	22675737991.07
卖出回购金融资产款	—	49999900.00
应付职工薪酬	8406294056.51	10154726765.87
应交税费	8692447359.26	13913799886.15
应付利息	230220570.51	445071370.07
应付股利	448541726.94	255265008.62
其他应付款	38646826463.17	45367709948.89
一年内到期的非流动负债	4974248176.38	8673620748.14
其他流动负债	230091563.68	200154593.51
流动负债合计	258993089460.46	297481373222.27
非流动负债：		
长期借款	1398811144.23	4285992305.58
应付债券	8208109400.04	14160128076.50
其中：优先股		
永续债	—	—
长期应付款	12010354.00	184416188.05
长期应付职工薪酬	6018478333.05	6309621019.47

续表

项目	2015 年	2016 年
专项应付款	902125492.72	824105091.72
预计负债	9869134713.81	12238453168.78
递延收益	13803658069.28	17836094586.61
递延所得税负债	2833255427.98	2211579861.31
非流动负债合计	43045582935.11	58050390298.02
负债合计	302038672395.57	355531763520.29
所有者权益：		
股本	11025566629.00	11025566629.00
资本公积	38939769815.73	39807249252.90
其他综合收益	10916793233.73	9966472713.03
专项储备	275789416.38	335356348.86
盈余公积	26728261764.70	32254579593.08
一般风险准备	844919712.17	1738792163.43
未分配利润	86397638086.22	96792960860.43
归属于母公司所有者权益合计	175128738657.93	191920977560.73
少数股东权益	35788547062.28	43175396443.03
所有者权益合计	210917285720.21	235096374003.76
负债和所有者权益总计	512955958115.78	590628137524.05

5.2.2.2 利润表

上汽集团 2015 年和 2016 年利润表如表 5-10 所示。

表 5-10　上汽集团利润表　　　　　　　　　单位：元

项目	2015 年	2016 年
一、营业总收入	670448223139.34	756416165065.29
其中：营业收入	661373929792.65	746236741228.56
利息收入	8295161232.11	9117963901.15
手续费及佣金收入	779132114.58	1061459935.58
二、营业总成本	656253568393.27	738563673025.25
其中：营业成本	585832883216.26	650218105936.37

续表

项目	2015 年	2016 年
利息支出	2347899980.15	2118097016.20
手续费及佣金支出	44605113.33	67820339.84
税金及附加	6544198929.46	7520718033.98
销售费用	35537515509.27	47503416645.57
管理费用	23329485273.44	28258363189.63
财务费用	-231192097.17	-332319541.95
资产减值损失	2848172468.53	3209471405.61
加：公允价值变动收益（损失以"-"号填列）	-285516870.56	-10023468.92
投资收益（损失以"-"号填列）	29663134420.97	30572263291.07
其中：对联营企业和合营企业的投资收益	26631281828.54	27751499506.33
汇兑收益（损失以"-"号填列）	15758109.29	18271097.34
三、营业利润（亏损以"-"号填列）	43588030405.77	48433002959.53
加：营业外收入	3666663216.93	3313765181.06
其中：非流动资产处置利得	130869909.39	369860085.83
减：营业外支出	1445017136.44	1254310678.05
其中：非流动资产处置损失	385789730.40	216270785.25
四、利润总额（亏损总额以"-"号填列）	45809676486.26	50492457462.54
减：所得税费用	5735707263.02	6530495764.20
五、净利润（净亏损以"-"号填列）	40073969223.24	43961961698.34
归属于母公司所有者的净利润	29793790723.65	32008610688.65
少数股东损益	10280178499.59	11953351009.69
六、其他综合收益的税后净额	1041372544.12	-1004780036.58
归属母公司所有者的其他综合收益的税后净额	1213297812.07	-950320520.70
（一）以后不能重分类进损益的其他综合收益	-223640942.42	-326278439.57
1. 重新计量设定受益计划净负债或净资产的变动	-213487736.64	-325208427.95
2. 权益法下在被投资单位不能重分类进损益的其他综合收益中享有的份额	-10153205.78	-1070011.62
（二）以后将重分类进损益的其他综合收益	1436938754.49	-624042081.13
1. 权益法下在被投资单位以后将重分类进损益的其他综合收益中享有的份额	19984713.86	85449035.00
2. 可供出售金融资产公允价值变动损益	1059919194.99	-1335080324.33

续表

项目	2015 年	2016 年
3. 外币财务报表折算差额	357034845.64	625589208.20
归属于少数股东的其他综合收益的税后净额	-171925267.95	-54459515.88
七、综合收益总额	41115341767.36	42957181661.76
归属于母公司所有者的综合收益总额	31007088535.72	31058290167.95
归属于少数股东的综合收益总额	10108253231.64	11898891493.81
八、每股收益		
（一）基本每股收益（元/股）	2.702	2.903
（二）稀释每股收益（元/股）	不适用	不适用

5.2.2.3 现金流量表

上汽集团2015年和2016年现金流量表如表5-11所示。

表5-11 上汽集团现金流量表　　　　　　　单位：元

项目	2015 年	2016 年
一、经营活动产生的现金流量：		
销售商品、提供劳务收到的现金	755958174719.75	891624152917.55
吸收存款及同业存款净增加额	112553683.71	—
收取利息、手续费及佣金的现金	10165188014.62	12137954947.50
拆入资金净增加额	—	3970342199.69
收到的税费返还	469468307.74	315804729.84
存放中央银行款项净减少额	6313425501.05	—
收到其他与经营活动有关的现金	3614956863.82	3430186492.66
经营活动现金流入小计	776633767090.69	911478441287.24
购买商品、接受劳务支付的现金	659768302155.44	771545924735.73
吸收存款及同业存款净减少额	—	1164823240.27
回购业务净减少额	—	928112855.49
存放中央银行款项净增加额	—	285558383.51
发放贷款及垫款净增加额	3591474452.80	34100724650.15
拆入资金净减少额	10786444397.74	—
支付利息、手续费及佣金的现金	2688009640.71	1873216942.67

续表

项目	2015年	2016年
支付给职工以及为职工支付的金	18541620374.81	27911567005.55
支付的各项税费	22773045906.76	31307759251.02
支付其他与经营活动有关的现金	32492295246.13	30983820406.80
经营活动现金流出小计	750641192174.39	900101507471.19
经营活动产生的现金流量净额	25992574916.30	11376933816.05
二、投资活动产生的现金流量		
收回投资收到的现金	22600221585.81	305428704452.85
取得投资收益收到的现金	28389009121.72	28538886862.19
处置固定资产、无形资产和其他长期资产收回的现金净额	571074171.25	1311241931.48
收到其他与投资活动有关的现金	3815669522.46	1953383592.77
投资活动现金流入小计	55375974401.24	337232216839.29
购建固定资产、无形资产和其他长期资产支付的现金	15426903859.94	17266516975.29
投资支付的现金	51491759050.83	293036078827.77
取得子公司支付的现金净额	2194171772.81	474280676.67
处置子公司支付的现金净额	—	18836661.92
投资活动现金流出小计	69112834683.58	310795713141.65
投资活动产生的现金流量净额	-13736860282.34	26436503697.64
三、筹资活动产生的现金流量		
吸收投资收到的现金	1006657925.94	5514889666.09
其中：子公司吸收少数股东投资收到的现金	1006657925.94	5514889666.09
取得借款收到的现金	7666107288.01	12741532471.17
发行债券收到的现金	6280000000.00	13821280926.40
筹资活动现金流入小计	14952765213.95	32077703063.66
偿还债务支付的现金	13498299173.08	12469531734.73
分配股利、利润或偿付利息支付的现金	23210888620.20	24753281341.06
其中：子公司支付给少数股东的股利、利润	8333152753.30	9225573030.82
支付其他与筹资活动有关的现金	600447044.62	996638269.11
筹资活动现金流出小计	37309634837.90	38219451344.90
筹资活动产生的现金流量净额	-22356869623.95	-6141748281.24
四、汇率变动对现金及现金等价物的影响	137133961.98	305983448.60
五、现金及现金等价物净增加额	-9964021028.01	31977672681.05
加：期初现金及现金等价物余额	72071515299.46	62107494271.45
六、期末现金及现金等价物余额	62107494271.45	94085166952.50

资料来源：上汽集团2016年财务报告。

5.3 其他补充信息

5.3.1 美国福特汽车纳税事项

近两年美国福特汽车所得税纳税情况以及税率调整情况，如表 5-12 所示。

表 5-12 美国福特汽车所得税及税率调整明细

	2015 年	2016 年
所得税前的收益（百万美元）		
美国	5374	5266
非美国地区	4878	1530
总计	10252	6796
所得税费用（百万美元）		
当期所得税费用		
联邦	75	(122)
非美地区	572	630
州和地方	17	12
当期所得税费用总额	664	520
递延所得税费用		
联邦	1494	1323
非美国地区	472	121
州和地方	251	225
递延所得税费用总额	2217	1669
总计	2881	2189
有效税率调整		
美国法定税率	35%	35%
非美地区税率	-2.7	-1
州及地方所得税率	1.7	2.3

续表

	2015年	2016年
有效税率调整		
一般商业信贷	-3	-3.1
处置和重组	0.4	7.4
美国非营利税	-3	-5.6
以前年度结算和返还	-0.4	—
免税收入	-2	-0.9
税法变化	0.1	-4.2
减值准备	3.6	2.7
其他	-1.6	-0.4
有效税率	28.10%	32.20%

福特公司2016年的所得税费用中，由于税法变动，美国以外的业务外汇收益和损失造成了3亿美元的可确认税收优惠。截至2016年12月31日，在美国之外取得的57亿美元的盈利可确认为无限期地在美国之外投资，从而不产生递延税款。

2015~2016年美国福特汽车递延所得税构成如表5-13所示。

表5-13 美国福特汽车递延所得税的构成

	2015年	2016年
递延所得税资产（百万美元）		
员工福利计划	6620	6870
净营运亏损结转	2327	1764
税收抵免结转	6456	5860
研发支出	1279	1469
经销商及客户保修费	2394	2500
其他国外递延所得税资产	442	28
其他	2206	2289
递延所得税资产总计	21724	20780
减：减值准备	-1831	-909

续表

	2015年	2016年
递延所得税资产（百万美元）		
递延所得税资产净额	19893	19871
递延所得税负债（百万美元）		
租赁交易	3329	4523
递延收益	1215	807
折旧及摊销（不含租赁业务）	2484	3175
应收账款融资	688	593
其他国外递延所得税负债	407	371
其他	763	1388
递延所得税负债总额	8886	10857
递延所得税资产（负债）净额	11007	9014

2015~2016年美国福特汽车未确认税收优惠情况如表5-14所示。

表5-14 美国福特汽车未确认的税收优惠　　单位：百万美元

	2015年	2016年
期初余额	1286	1601
前期税务增加额	330	12
当期税务增加额	91	69
前期税务减少额	-24	-67
税收清缴	-65	-23
时效性失效	-7	-3
外币换算调整	-10	-3
期末余额	1601	1586

资料来源：福特汽车2016年年报。

5.3.2 上汽集团纳税事项

2016年上汽集团财务报表中列示的上汽集团纳税的主要税种及税率情况如表5-15所示。

表 5-15 上汽集团主要税种及税率情况

税种	计税依据	税率（%）
增值税	销售货物、提供加工和修理修配劳务、有形动产租赁服务	17
	交通运输服务	11
	现代服务（除不动产租赁及有形动产租赁服务）（包括研发和技术服务、物流辅助服务等）	6
	不动产租赁服务	11 或 5
	金融服务	6
消费税	生产环节的整车销售收入	1~25
营业税	不动产租赁服务和金融服务	5
企业所得税	企业应纳税所得额	15，25

2015~2016年上汽集团财务报表中列示的上汽集团所得税费用及所得税费用调整情况如表5-16所示。

表 5-16 上汽集团所得税费用与所得税费用调整情况

项目	2015 年	2016 年
当期所得税费用	762782	1052338
递延所得税费用	-189211	-399288
合计	573571	653050
利润总额	4580968	5049246
按法定/适用税率计算的所得税费用（15%）	687145	757387
子公司适用不同税率的影响	204602	231646
调整以前期间所得税的影响	-30249	-33059
非应税收入的影响	-407915	-432787
不可抵扣的成本、费用和损失的影响	12908	19715
使用前期未确认递延所得税资产的可抵扣亏损的影响	-46807	-22890
本期未确认递延所得税资产的可抵扣暂时性差异或可抵扣亏损的影响	179235	153178
所得税费用	573571	653050

资料来源：上汽集团 2015 年、2016 年报告。

除此之外，上汽集团财务报表附注中还列明了上汽集团 2016 年税收情况以及享受的相关税收优惠事项：

（1）根据国务院 2008 年第 34 次常务会议于 2008 年 11 月 5 日修订通过的《中华人民共和国增值税暂行条例》，在中华人民共和国境内销售货物、提供加工和修理修配劳务及进口货物属于增值税的应税范围，适用 17% 或者 13% 的增值税税率。

根据财政部、国家税务总局于 2011 年 11 月 16 日联合发布的《营业税改征增值税试点方案的通知》（财税〔2011〕110 号）和《关于在上海市开展交通运输业和部分现代服务业营业税改征增值税试点的通知》（财税〔2011〕111 号），增值税改革试点于 2012 年 1 月 1 日起实施，先于上海市交通运输业和部分现代服务业等开展试点，条件成熟时选择部分行业在全国范围内进行全行业试点。

2012 年 7 月 31 日，财政部与国家税务总局联合发布了《关于在北京等 8 省市开展交通运输业和部分现代服务业营业税改征增值税试点的通知》（财税〔2012〕71 号），将交通运输业和部分现代服务业营业税改征增值税试点范围，由上海市分批扩大至北京等 8 个省（直辖市）。北京市于 2012 年 9 月 1 日开始实施试点，江苏省、安徽省于 2012 年 10 月 1 日开始实施试点，福建省、广东省于 2012 年 11 月 1 日开始实施试点，天津市、浙江省、湖北省于 2012 年 12 月 1 日开始实施试点。

根据财政部与国家税务总局于 2013 年 5 月 24 日联合发布的《关于在全国开展交通运输业和部分现代服务业营业税改征增值税试点税收政策的通知》（财税〔2013〕37 号），交通运输业和部分现代服务业"营改增"试点于 2013 年 8 月 1 日起在全国范围内开展。

根据财政部与国家税务总局于 2013 年 12 月 12 日联合发布的《关于将铁路运输和邮政业纳入营业税改征增值税试点的通知》（财税〔2013〕106 号），自 2014 年 1 月 1 日起将铁路运输和邮政业纳入营业税改征增值税试点。试点期间，有形动产租赁服务适用税率为 17%，交通运输业、邮政业服务适用税率为 11%，其他部分现代服务业（有形动产租赁服务除外）税率为 6%。

（2）本公司及主要子公司本年度适用之企业所得税税率如下：

1）根据《中华人民共和国企业所得税法》（以下简称《企业所得税法》）及其他相关规定，上汽集团被认定为符合条件的国家需要重点扶持的高新技术企业。于 2014 年通过高新技术企业资格的重新认定并获取了高新技术企业证书，有效期为 2014～2016 年，故上汽集团 2015 年和 2016 年适用的企业所得税税率为 15%。

2）上汽通用五菱汽车股份有限公司（以下简称通用五菱）注册于中国西部大开发地区广西省柳州市。2014 年 8 月 20 日，西部地区鼓励类产业目录——国家发展和改革委员会令第 15 号将汽车整车制造及专用汽车制造纳入广西壮族自治区和重庆市鼓励类产业目录，根据《关于深入实施西部大开发战略有关税收政策问题的通知》（财税〔2011〕58 号），通用五菱广西柳州总部和重庆分公司适用 15% 的企业所得税税率。

3）根据《企业所得税法》及其他相关规定，上海汽车变速器有限公司、上海柴油机股份有限公司（上柴股份）及上海汇众汽车制造有限公司（上海汇众）被认定为符合条件的国家需要重点扶持的高新技术企业。上海汽车变速器有限公司及上柴股份于 2014 年通过了高新技术企业资格的重新认定并获取了高新技术企业证书，有效期为 2014～2016 年，上海汇众于 2015 年通过了高新技术企业资格的重新认定并获取了高新技术企业证书，有效期为 2015～2017 年。故该等公司本年度适用的企业所得税税率为 15%。

4）根据企业所得税法规定，上海上汽大众汽车销售有限公司、上汽通用汽车销售有限公司、上海汽车集团财务有限责任公司（财务公司）、上汽通用汽车金融有限责任公司（上汽通用金融）、中联汽车电子有限公司、华域汽车系统股份有限公司（华域汽车）、上汽大通汽车有限公司、安吉汽车物流有限公司（安吉物流）、上海汽车工业销售有限公司、上海汽车进出口有限公司、上海汽车集团股权投资有限公司、东华汽车实业有限公司（东华）、上海尚鸿置业有限公司及上海汽车集团投资管理有限公司适用的企业所得税税率为 25%。

5）境外子公司本年度适用的企业所得税税率依当地税法规定。

5.4 福特汽车和上汽集团税收负担比较

由于中美两国税制结构不同,企业财务报表列报也存在一定差异,并不能完整地计算企业所有税种的税收负担。美国福特的利润表中并未列示除所得税以外的社会保险税、劳务税等税费的明细,因此,利用利润表中只能靠比较所得税负担。同时,美国的现金流量表的列示与中国也有差异,美国现金流量表采用的是间接法编制。中国现金流量表采用的是直接法编制,附注中列示以间接法编制的现金流量表。为客观比较福特汽车与上汽集团的税收负担,本案例先就两个企业的所得税负担进行对比(学术文献中往往用企业所得税负担代表税收负担)。

5.4.1 福特汽车和上汽集团所得税负担

首先对福特汽车和上汽集团所得税费用占营业收入的比重、所得税费用占税前利润的比重以及所得税费用占净利润的比重三个指标进行比较,如表5-17所示。

表5-17 上汽集团与福特汽车所得税负担比较　　　　单位:%

税收负担指标	企业	2015年	2016年
所得税与营业收入比(ETRa)	上汽集团	0.87	0.86
	福特汽车	1.93	1.44
所得税与税前利润比 (Porcano,1986)	上汽集团	12.52	12.93
	福特汽车	28.10	32.21
所得税与净利润的比	上汽集团	14.31	14.85
	福特汽车	39.09	47.51

从表 5-17 可以看出:

(1) 就所得税负担而言,福特汽车 2015 年和 2016 年所得税占营业收入的比例分别为 1.93% 和 1.44%,而上汽集团分别为 0.87% 和 0.86%,上汽集团单位收入中用于缴纳所得税的比例明显低于福特汽车。

(2) 用所得税费用占利润总额的比例来衡量所得税负担,上汽集团 2015 年和 2016 年的税收负担分别为 12.52% 和 12.93%,而福特汽车 2015 年和 2016 年的税收负担分别为 28.1% 和 32.21%,两个年度上汽集团的税收负担仅是福特汽车的一半。

(3) 用所得税费用占净利润的比例来衡量所得税负担,上汽集团 2015 年和 2016 年的税收负担分别为 14.31% 和 14.85%,而福特汽车 2015 年和 2016 年的税收负担分别为 39.09% 和 47.51%,上汽集团的税收负担更是明显低于福特汽车的一半。

至少就所得税负担而言,上汽集团每单位收入承担的所得税均低于 1%,而福特汽车每单位营业收入承担的所得税在 2015 年甚至接近 2%,上汽集团的税收负担明显低于福特汽车。显然不能简单断言中国企业税收负担比美国企业税收负担重。

5.4.2 上汽集团的全部税收负担与福特汽车的所得税负担比较

由于我国的税制结构中,除了需要缴纳所得税以外还需要缴纳其他税,这些均反映在"税金及附加"项目中①,且在财务报表中均有列示。而美国福特汽车财务报表上并未对其他税种明细列报,仅将其他税种与费用汇总列示。本案例将选择极端测算方法,将上汽集团"所得税费用"与"税金及附加"加总作为整体税负,再与美国福特汽车的所得税税收负担进行比较如表 5-18 所示。

---

① 根据财会〔2016〕22 号文《增值税会计处理规定》,上汽集团 2016 年财务报告的"税金及附加"包含四小税,即印花税、车船使用税、房产税和土地使用税。而 2015 年上汽集团财务报告"主营税金及附加"没有包含四小税。

表5-18 上汽集团与福特汽车税收负担比较　　　　　单位:%

企业与税收负担指标	2015年	2016年
上汽集团（所得税+其他税）与营业收入比（ETRb）	1.86	1.88
福特汽车所得税与营业收入比	1.93	1.44
上汽集团（所得税+其他税）与税前利润比	26.81	27.83
福特汽车所得税与税前利润比	28.10	32.21
上汽集团（所得税+其他税）与净利润的比	30.61	31.96
福特汽车所得税与净利润的比	39.09	47.51

由表5-18可以看出：

（1）在加上"税金及附加"的情况下，上汽集团的单位营业收入承担的所有税负在2015年为1.86%，而福特汽车的所得税负担为1.93%，上汽集团的全部税收负担依然低于福特汽车的所得税税负。而2016年在福特汽车营业收入下滑的情况下总税收负担才高出福特汽车的所得税负担。

（2）以利润总额税收负担率衡量，上汽集团单位利润承担的全部税收负担为26.81%和27.83%，明显低于福特汽车2015年、2016年的所得税负担。

（3）以净利润税收负担率衡量，上汽集团2015年、2016年单位净利润对应的全部税收分别为30.61%和31.96%，而福特汽车2015年、2016年的单位净利润对应的所得税分别为39.09%和47.51%，上汽集团总体税收负担明显低于福特汽车的所得税税收负担。

5.4.3 福特汽车税收负担与我国企业总体比较

为了将福特汽车的税收负担水平与我国企业税收负担比较，进一步使用上述三个税收负担计量指标计算了创业板上市公司总体和创业板制造业上市公司税收负担，福特汽车与创业板上市公司税收负担情况如表5-19所示。

根据表5-19，从三个指标计算出来的税收负担可以看出，我国创业板上市公司税收负担的均值明显大于中位数，显示少数企业税收负担偏高。在有偏分布的情况下，中位数较平均值能够有效代表税收负担水平。比较发现：

表 5-19　福特汽车税收负担与创业板上市公司及制造业税收负担比较　单位:%

栏目 A	福特汽车		2009~2018 年		2015 年		2016 年	
	2015 年	2016 年	均值	中位数	均值	中位数	均值	中位数
所得税与营业收入比	1.93	1.44	2.34	2.01	2.14	1.91	2.25	2.00
所得税与利润总额比	28.1	32.21	13.36	14.08	16.63	13.92	14.45	14.10
所得税与净利润比	39.09	47.51	17.14	16.35	17.78	16.14	16.73	16.39
栏目 B	福特汽车		2009~2018 年		2015 年		2016 年	
	2015 年	2016 年	均值	中位数	均值	中位数	均值	中位数
所得税与营业收入比	1.93	1.44	2.33	2.04	2.09	1.92	2.28	2.03
所得税与利润总额比	28.1	32.21	13.83	14.28	18.69	14.07	15.85	14.30
所得税与净利润比	39.09	47.51	17.46	16.65	18.88	16.37	16.73	16.65

注:栏目 A 为福特汽车与所有创业板上市公司比较;栏目 B 为福特汽车与创业板制造业上市公司比较。比较过程没有进行去尾(Winsorize)处理。

(1) 以西方学术界常用的税收负担指标(所得税费用/息税前利润)和所得税与净利润比两个指标计算的税收负担可以看出,福特汽车 2015 年和 2016 年的税收负担远高于创业板上市公司税收负担的中位数和平均值。

(2) 以西方学术界常用的税收负担指标(所得税费用/息税前利润)和所得税与净利润比两个指标计算的税收负担可以看出,福特汽车 2015 年和 2016 年的税收负担远高于创业板制造业上市公司税收负担的中位数和平均值。

(3) 用作者构建的所得税占收入比这一指标看,福特汽车的税收负担较创业板上市公司的税收负担低,很可能是创业板上市公司相对福特汽车规模较小,还没有达到规模经济,营业收入相对较低,导致税收负担较高。

基于上述分析,进一步计算我国上海主板上市公司税收负担,并与福特汽车进行比较,结果如表 5-20 所示。

根据表 5-20,使用所得税与营业收入比指标计算出的我国上海主板上市公司税收负担明显低于创业板上市公司,说明在同一税制下用同一税收负担指标计算出的我国两个上市板企业的税收负担分布存在明显差异,说明使用所得税与营业收入指标计量企业税收负担与企业特征有关。具体而言,上海主板上市公司规模大,主要为成熟的大型上市公司。福特汽车属于成熟大型上市公司,其特征与我国上海主板上市公司特征接近。福特汽车税收负担与我国主板上市公司的税收负担进行比较更加科学。这也说明比较不同国家企业税收负担本身是一个复杂系统,即使是使用同一指标不同特征企业比较结果也不一样。

表5-20 福特汽车税收负担与上海主板上市公司及制造业税收负担比较

单位:%

栏目A	福特汽车		2009~2018年		2015年		2016年	
	2015年	2016年	均值	中位数	均值	中位数	均值	中位数
所得税与营业收入比	1.93	1.44	2.61	1.32	2.75	1.35	3.10	1.58
所得税与利润总额比	28.1	32.21	9.17	17.38	16.23	17.66	12.36	17.44
所得税与净利润比	39.09	47.51	25.74	20.79	29.74	21.35	39.18	21.04
栏目B	福特汽车		2009~2018年		2015年		2016年	
	2015年	2016年	均值	中位数	均值	中位数	均值	中位数
所得税与营业收入比	1.93	1.44	1.75	1.11	2.20	1.08	2.22	1.48
所得税与利润总额比	28.1	32.21	1.34	15.15	15.04	15.41	17.28	15.62
所得税与净利润比	39.09	47.51	25.23	17.74	26.12	18.14	48.58	18.46

注:栏目A为福特汽车与所有创业板上市公司比较;栏目B为福特汽车与创业板制造业上市公司比较。比较过程没有进行去尾(Winsorize)处理。2009~2018年所得税与利润总额比计算出来的均值比较低是因为受到几个极小值的影响。

我国上海主板上市公司税收负担的均值明显大于中位数,显示少数企业税收负担偏高。在有偏分布的情况下,使用中位数进行比较更加科学。可以看出:

(1)用所得税与营业收入计算的税收负担,可以看出福特汽车2015年税收负担远高于我国上海主板上市公司2009~2018年、2015年以及2016年的中位数,其税收负担与我国上市公司比相对比较偏高;福特汽车2016年税收负担远高于我国上海主板上市公司2009~2018年、2015年税收负担中位数,但比我国2016年中位数稍低。

(2)用所得税与营业收入计算的税收负担,可以看出福特汽车2015年税收负担远高于我国上海主板制造业上市公司2009~2018年、2015年以及2016年的中位数，其税收负担与我国上市公司比相对比较偏高；福特汽车 2016 年税收负担远高于我国上海主板制造业上市公司 2009～2018 年、2015 年税收负担中位数，但比我国 2016 年制造业上市公司中位数稍低。

（3）使用西方学术界常用的税收负担指标（所得税费用/息税前利润）和所得税与净利润比两个指标计算的税收负担可以看出，福特汽车 2015 年和 2016 年的税收负担均远高于我国上海主板上市公司税收负担的中位数和平均值。

另外，利用所得税与营业收入比计算我国企业税收负担，直观发现创业板上市企业税收负担比上海主板上市公司高，但用所得税与利润总额比指标和所得税与净利润比指标，发现创业板上市企业税收负担比上海主板上市公司低，那么统计检验是否支持？对此进行统计检验如表 5-21 所示（由于税收负担呈现偏态分布，主要是用秩和检验结果）。

表 5-21　上海主板上市公司税收负担与创业板税收负担比较的统计检验

全样本	所得税费用与营业收入比		所得税费用与利润总额比		所得税费用与净利润比	
	中位数	Z 值	中位数	Z 值	中位数	Z 值
上海主板上市公司 2009～2018 年	0.0132	16.455***	0.1738	-22.860***	0.2079	-22.200***
创业板上市公司 2009～2018 年	0.0201		0.1408		0.1635	
上海主板上市公司 2015 年	0.0135	3.755***	0.1766	-7.859***	0.2135	-7.821***
创业板上市公司 2015 年	0.0191		0.1392		0.1614	
上海主板上市公司 2016 年	0.0158	7.821***	0.1744	-8.617***	0.2104	-8.616***
创业板上市公司 2016 年	0.0200		0.1410		0.1639	

注：***、**、* 分别代表 1%、5%、10% 的显著水平。

由表 5-21 可以看出，利用所得税费用与营业收入比计算出的上海主板上公司的税收负担明显比创业板上市公司低,但用所得税费用与利润总额比和所得税费用与净利润比两个指标计算出的税收负担显示上海主板上市公司税收负担显著较高。显然,税收负担高低在很大程度上与税收负担计量方法有关。对上海主板制造业上市公司和创业板制造业上市公司进行统计检验,如表5-22所示。

表5-22 上海主板与创业板的制造业上市公司税收负担比较的统计检验

制造业	所得税费用与营业收入比		所得税费用与利润总额比		所得税费用与净利润比	
	中位数	Z值	中位数	Z值	中位数	Z值
上海主板上市公司 2009~2018年	0.0111	23.792***	0.1515	-8.116***	0.1774	-7.609***
创业板上市公司 2009~2018年	0.0204		0.1428		0.1665	
上海主板上市公司 2015年	0.0108	4.318***	0.1541	-5.789***	0.1814	-5.917***
创业板上市公司 2015年	0.0192		0.1407		0.1637	
上海主板上市公司 2016年	0.0148	6.072***	0.1562	-1.938*	0.1846	-1.938*
创业板上市公司 2016年	0.0203		0.1430		0.1665	

注:***、**、*分别代表1%、5%、10%的显著水平。

由表5-22可以看出,利用所得税费用与营业收入比计算出的上海主板上市公司的税收负担明显比创业板上市公司低,但用所得税费用与利润总额比和所得税费用与净利润比两个税收负担指标计算出的税收负担显示上海主板上市公司税收负担显著较高。税收负担高低在很大程度上确实由税收负担计量方法决定,片面谈论税收负担高低没有意义。同时,案例研究也揭示,即使同一税制下使用同一税收负担计量指标,比较不同规模企业的税收负担也是不合适的。即使在同一税制下,比较企业税收负担时,拟选择规模相同的企业之间进行比较。

案例研究说明,由于中美两国税制结构的差异等因素,简单对税率进行相加比较的结果没有实际意义。经过案例计算，同样为汽车制造业的美国福特企业所得税负担总体高于上汽集团的总体税收负担。因此，轻言中国制造业综合税负比美国高35%的说法有失偏颇。同时也说明，"死亡税率"说法并不科学，将当前经济持续低迷的原因归结为"死亡税率"更不科学。

近年来，随着网络和新媒体的出现与普及，部分媒体为制造轰动效应，借故意造假进行炒作，在一定程度上背离了新闻伦理规范。有的媒体对某些新奇怪异的传闻，既不愿轻易放过，又不愿加以核实，不管真假加以刊播，造成了以讹传讹的后果。"郭美美"等事件就是典型例子，在财经新闻媒体中也不乏类似现象。

在信息不对称情况下，人们对新闻报道内容最初的认识并不是建立在全面掌握了解事实真相的情况下作出的最初判断，因此讨论双方会陷入为反对而反对的循环。作为受过一定教育的专业人员，对于一个事实、一个观点出现，需要始终保持批判性思维，而不是被报道的观点所引导。媒体报道往往会受到利益扭曲，作为专业人员应提升自己的个人专业素养，提升判断能力，能够辨别媒体报道中的利害关系，明辨是非。在接受信息时，要能够自主地选择性接触信息。网络信息的庞杂与纷乱，谣言与假新闻层出不穷，在精力与时间都有限的情况下，应适当正确地抉择与取舍。

重要的一点是，接受信息需要避免陷入先入为主观念带来的影响。如果存在美国什么都好这一先入为主的观念，就会深信哪怕是明显有违常识的媒体报道。实际上，美国的公司所得税税率并不低，2016年和2017年公司所得税的平均税率都是38.9%。在经济合作和发展组织（OECD）国家中，美国的公司所得税税负是最重的，这也正是减税口号能够使特朗普大选中赢得选票的原因，也是特朗普推动减税的动因。

6 结论与建议

6.1 主要研究结论

在我国供给侧结构性改革、减税降费、实现创新驱动发展的背景下，结合企业税收相关理论，本书在文献综述的基础上结合现实问题确定研究出发点并提炼科学研究问题，应用理论分析、实证研究以及案例研究方法从理论上探讨了税收负担、具体税收激励政策对企业研发投入的影响，用案例研究方法比较了中国和美国两个典型企业的税收负担。回答了我国企业税收负担现状是什么？减税降费措施是否发挥了应有的作用？税收负担以及加计扣除政策对企业研发投入有何影响？"死亡税率"说法是否科学等问题。

（1）从税收负担及其影响因素、税收对企业投融资行为和冒险行为的影响以及税收激励企业创新的效果等几个方面对国内外主要相关文献进行了综述，对相关领域研究问题的起源、进展、研究方法以及主要研究结论进行了评价。

1）总结了影响企业税收负担的因素，并进行了简单的评述。影响企业税收负担的因素包括制度环境因素、企业特征因素以及税收特征因素等。

2）回顾了税收对企业投融资行为的影响。新古典税收激励投资理论主要把

6 结论与建议

注意力集中在税收影响资本成本方面。税收与企业融资关系的研究主要集中在以债务税盾为中心的权衡理论和税收凸性影响融资方面。学术界也注意到税率高低以及税收特征都会影响企业的冒险行为。

3）税收激励创新相关研究。具体包括税收激励企业创新效果评价方法：CES方法和B指数法及相关经验研究，并对税收激励创新存在的争议进行了总结。总的来看，企业层面研究税收对企业行为影响的学术文献相对较少，学术界和实务界对税收激励和税收负担影响企业创新行为的具体机理了解还非常有限，因而对为什么税收激励效果不明显还没有充分解释，从而限制了税收激励企业创新行为政策的创新。

（2）对企业税收负担的研究发现现有学术文献中使用的计量企业税收负担的指标分母均使用息税前利润或者税前利润，它们在计量微利企业和亏损企业税收负担时并不适用。这些具体指标会放大微利企业税收负担，且对于亏损企业计算出来的税收负担没有实际意义。笔者基于费用和收入配比思想，构建了新的计量企业税收负担指标，对我国创业板上市公司税收负担问题进行研究。企业层面的税收负担计量指标包括：所得税负担（ETRa）=（所得税费用+递延所得税资产-递延所得税负债）/营业收入，并在此基础定义总税收负担（ETRb）=（所得税费用+递延所得税资产-递延所得税负债+税金及附加）/营业收入和总税收负担（ETRc）=（支付的各项税费-收到的税费返还）/营业收入。指标ETRa和ETRb在一定程度上体现出权责发生制特征，利用这两个指标计算税收负担时包含的判断因素比较大。指标ETRc主要表现收付实现制特征，判断因素影响较小。

利用ETRa、ETRb和ETRc三种指标研究了创业板上市公司税收负担，发现2012年以后企业税收负担均明显低于2009年税收负担，也显示出各种降低企业税费负担的政策发挥了实际效果。使用指标ETRa和ETRb计算出来的税收负担的标准差从2009年到2018年呈现变大的趋势，而指标ETRc计算出来的税收负担的标准差呈现变小趋势。利用指标ETRa和ETRb计算企业税收负担具有较大的判断空间，随着其数目增加，用ETRa和ETRb计算出的企业税收负担表现出较大的标准差。

从不同行业的企业税收负担看，农林牧渔业（A）和批发零售业（F）税收负担远低于制造业，主要是因为农林牧渔业享受税收优惠较大，批发零售业增值税抵扣比例较高。科学研究和技术服务业（M）、水利、环境和公共设施管理业（N）以及文化、体育和娱乐业（R）税收是负担显著比制造业高。

从不同地域的企业税收负担看，指标 ETRc 计算出的华东地区企业单位收入承担的税收支出显著低于东北地区，华南地区 ETRa、ETRb 和 ETRc 三个指标计算出来的税收负担均显著低于东北地区，西北地区权责发生制下（ETRa 和 ETRb）计算出来的税收负担显著低于东北地区。

对于我国创业板制造业企业使用 ETRc 计算出的税收负担在 2011 年之后每年的税收负担均显著低于 2009 年，由平均值可以看出单位收入承担的税款支出基本呈现逐年下降趋势，具体每年收入承担的税费负担从 2009 年的 0.0978 元下降到 2018 年的 0.0481 元，2018 年单位收入承担的税款支出仅为 2009 年的一半。2009~2018 年，各年单位收入承担税款的中位数也呈现逐年下降趋势。说明创业板制造业上市公司税收负担逐年降低。近年来的减税降费措施发挥作用。

（3）对创业板上市公司税收负担影响因素研究发现资产负债率越高，税收负担越低。资本密度和存货密度越高的企业，税收负担也越低。企业成长性越高（托宾 Q 值越大），税收负担也越高；研发投入强度越高，税收负担越低。企业规模和总资产收益率对税收负担的影响关系与税收负担的计量指标有关。规模大的企业单位收入承担的税收现金支出显著较高，盈利能力强的企业单位收入承担的税收现金支出也显著较高。受到会计关系内在制约，盈利能力越高的企业对 ETRa 和 ETRb 这两个基于权责发生制构建的税收负担呈现负向影响关系，表现出盈利能力越强，税收负担越低。

（4）利用 2009~2018 年创业板上市公司数据，应用经验研究方法研究了税收负担对企业研发投入的影响。经验研究发现：

1）2012 年之前和 2012 年之后税收负担影响企业研发投入的方式存在差异。2012 年之前，税收负担通过直接挤出和放大投资与现金流敏感性间接挤出研发投入。但是2012年之后，主要表现为直接挤出，税收负担对投资与现金流敏感性影响并不明显。这一研究结论说明不仅税收对企业的行为产生影响，税制差异对企业产生的影响也非常重要。因为2012年开始实施"营改增"，企业在不同税种下的行为方式也不同。因为2012年前后制造业税没有经历"营改增"，对创业板制造业上市公司的检验发现，2012年之前和2012年之后税收对创业板制造业企业研发投入的影响方式并没有差异。这一研究结论也说明，增值税对企业研发投入影响相对较小。

2）税收负担对研发投资产生直接挤出效应，挤出效应削弱了企业创新投入能力。说明我国企业经营实践中税收负担确实抑制了企业的创新投入能力。这一研究结论与实验研究结论一致。税收激励通过降低企业税收负担，有利于增强企业创新投入能力。

3）税收负担对研发投资产生间接挤出效应，表现为税收负担放大了企业投资现金流敏感性。在投资现金流敏感性增加的情况下，税收导致的现金流出会放大对研发投入的影响。对创业板制造业企业税收负担挤出效应的研究发现，税收负担对制造业研发投入仅表现出直接挤出效应，间接挤出效应表现不明显，说明税收负担对制造业的研发投入影响相对较低。

（5）利用2009~2018年创业板上市公司数据，应用经验研究方法研究了加计扣除税收激励政策对创新投入强度报告行为的影响。发现企业会利用研发投入进行盈余管理，具体而言：企业感受到当期税收负担较重情况，企业会很快调整其报告策略，通过盈余管理手段调升研发投入强度，表现出报告的研发投入强度也越高。加计扣除税收激励政策很可能扭曲企业的创新投入报告行为。在信息不对称情况下，我国目前实施的研发活动支出税前加计扣除政策在一定程度上扭曲了企业研发投入强度报告行为。特别是对于税收负担较高的企业，会明显利用研发投入加计扣除政策，通过提高报告的创新投入水平来降低自身税收负担。加计扣除激励政策将企业资源转移到财务操纵行为方面，从而影响到该政策的实施效果。

在研发费用所得税加计扣除激励政策下，企业为了降低税收负担，企业报告的研发投入水平向上偏离其真实研发投入水平。这一实证结果说明，在信息不对称下，基于创新要素投入的税收激励政策存在固有缺陷，不利于激励企业创新活动。Bayer和Sutter（2009）认为，纳税人将努力和资源浪费在避税行为上，而税务当局将资源和努力放在侦测避税行为上，这些资源投入为社会带来无谓损失。因此，Griffith等（1995）认为，税务激励机制设计问题不能是一个可以忽略的管理细节问题，需要改进现有的研发活动税收激励政策，以提高资源配置效率并提高技术创新的效率。

（6）实证研究和经验研究最终都借助于统计检验，对理论进行的统计检验可以是严谨的，但这种严谨性可能仅限于统计检验本身，无法保障理论本身或应用理论所做解释的严谨性（毛基业和李高勇，2013）。本书利用案例研究揭示了中美两国企业税收负担差异。由于中美两国税制结构的差异等因素，简单对税率进行相加比较的结果没有实际意义。经过案例研究发现，同样为汽车制造业的美国福特企业所得税负担总体高于上汽集团的总体税收负担。因此，轻言中国制造业综合税负比美国高35%的说法有失偏颇。同时也说明，死亡税率说法并不科学，将当前经济下行的原因归结为"死亡税率"也不科学。

6.2 主要创新点

税收负担问题是各国企业都不能回避的问题，创新激励是企业创新理论研究的重要问题之一，企业创新投资决策包括资本分配决策（投资多少）和投资时机决策（何时投资）两个方面。虽然税收激励是创新激励的主要政策之一，但税收因素对创新投资影响的相关研究还非常少。根据研究问题特征，选择合适的科学研究方法，研究得出了一定具有原创性的成果，有效地解释了为什么当前世界各国所采用的加计扣除激励政策实施效果并不明显，同时，对于税收激励创新政策实践具有现实和具体指导作用。

6 结论与建议

主要创新点概括如下:

(1) 构建了企业税收负担计量指标,并在创业板上市公司应用的过程中对税收负担指标进行了评价。

在税收负担计量指标方面进行了创新。税收负担是企业税收问题的焦点,研究企业税收问题必须有效解决企业税收负担的计量问题。本书根据财务报表之间的关系特性,构建了计量包括企业总税收负担和所得税税收负担的税收负担计量指标。第一,企业所得税负担(ETRa)=(所得税费用+递延所得税资产-递延所得税负债)/营业收入,计量企业正常经营活动取得的单位营业收入承担的所得税费用;第二,企业总税收负担(ETRb)=(所得税费用+递延所得税资产-递延所得税负债+税金及附加)/营业收入,计量企业正常经营活动取得的单位营业收入承担的各种税收费用;第三,企业总税收负担(ETRc)=(支付的各项税费-收到的税费返还)/营业收入,计量企业正常经营活动取得的单位营业收入实际支出的各种税收费用。ETRc主要利用现金流量表提供的税收支付信息,提高了计量指标的可靠性。

(2) 利用创业板上市公司数据,在研究创业板上市公司税收负担过程中,对税收负担指标进行了评价,认为传统学术文献中使用的以利润为基础构建的税收负担指标在计量税收负担方面存在缺陷。主要是无法有效计量亏损企业以及微利企业的税收负担。

(3) 税收负担计量方式的创新有利于推动企业税收负担相关问题的深入研究,巧妙地通过计量模型设计,基于投资现金流敏感性的视角,为"税收影响创新投资"提供了经验证据,并揭示出税收负担通过直接挤出和间接挤出两个途径影响研发投入,从而不利于研发活动。税收负担主要通过直接挤出影响制造业企业的研发投入。"营改增"后间接挤出效应并不明显,说明增值税有利于降低企业税收负担对研发投入的影响。"营改增"有利于企业创新活动。

(4) 发现加计扣除激励政策对我国创业板上市公司研发投入报告行为存在扭曲,说明加计扣除激励政策不利于激励创新的同时,不当税收激励是企业盈余管理的诱因之一。我国目前实施的研发费用所得税前加计扣除激励政策会导致企业将资源分配到财务操纵活动中,企业即使在没有真实研发投入的情况下,也能获得税收激励的好处,从而不利于激励企业创新活动,提出采用"收入减税"激励企业研发投入。

6.3 政策建议

根据本书的文献研究、经验研究和案例研究,提出下列政策建议。

(1) 继续实施结构性减税政策,促进实体经济健康发展。创业板上市公司使用 ETRa、ETRb 和 ETRc 三个指标计算出来的税收负担均值和中位数基本呈现逐年下降趋势,统计检验也显示我国创业板上市公司 2012 年后各年度的税收负担明显低于 2009 年。创业板制造业上市公司使用 ETRa、ETRb 和 ETRc 三个指标计算出来的税收负担均值和中位数基本也呈现逐年下降趋势,说明"营改增"等结构性减税政策确实降低了企业税收负担,未来需要继续优化税制结构和税收环境,通过降低企业税收负担降低其对研发投入的挤出效应,促进企业创新。

(2) 税收负担对企业研发投入具有负面影响,2012 年之后企业税收负担影响研发投入的方式发生了变化。具体而言,2012 年之前税收负担通过直接挤出和间接挤出两种方式对研发投入产生不利影响,但 2012 年之后税收负担对研发投入的影响仅仅表现为直接挤出效应,制造业 2012 年之前和 2012 年之后税收负担影响研发投入的方式并没有变化,始终表现为直接挤出。说明"营改增"改变了税收负担影响研发投入的方式,增值税对企业研发投入的影响相对较轻,未来需要继续完善增值税体系,优化税率结构。特别对于税收负担比较重的行业,通过完善抵扣等降低企业税收负担。

(3) 探索实施以创新产出为基础的税收激励政策。经验研究发现,在信息不对称下,基于创新要素投入的税收激励政策(如研发费用所得税前加计扣除)扭曲企业创新投入水平报告行为,导致企业即使在没有真实的创新投入的情况下

6 结论与建议

也能享受到税收激励的好处,同样不利于激励企业创新活动。因此,需要改进税收激励,采用以创新产出为基础的税收激励。"收入减税"激励政策本身在具体实施环节仅需要企业提供创新产品销售收入信息。创新产品销售收入信息透明度高、可验证性强,"收入减税"激励政策受到信息不对称问题影响较小。信息不对称程度低,不仅有利于降低税收激励政策的执行成本,纠正企业报告扭曲行为,而且政策实施需要的信息越简单,越容易通过政策设计保证该激励政策提高企业投资决策的弹性,从而更好地发挥激励政策实施效果。创新产品收入本身受到增值税系统约束和市场约束,企业本身很难扭曲创新收入报告,除了信息透明度高从而降低税收激励相关的执行成本外,第三方约束可以减轻政府在税收激励政策实施过程中的影响,也有利于提高税收激励的效果。

近两年,贸易战为世界经济增加了不确定性,同时也警示我国企业自主创新的重要性。我国利用财政、金融、税收等优惠政策推进创新型国家建设,经济结构也得到一定优化。未来需继续推进经济增长方式转变,由要素驱动经济增长方式转变为依靠科技创新,提高企业创新能力。支持创新活动的税收激励政策也需要从激励创新要素投入转变为以企业创新结果为基础的激励。以创新结果为基础的激励政策能够激励企业提高有效创新投入。同时,以创新结果为基础的激励政策引入市场评价因素,通过市场竞争力量激发企业将研发资源投入到社会需要的创新活动中,从而提高研发活动的资源利用效率,增进社会福利。

参考文献

[1] 楼继伟. 中国经济的未来 15 年：风险、动力和政策挑战 [J]. 比较，2010（12）：1 - 13.

[2] Cullen J B, Gordon R. Tax Reform and Entrepreneurial Activity [J]. Tax Policy and the Economy, 2006, 20（1）：41 - 71.

[3] Bérubé C, Mohnen P. Are firms that receive R&D subsidies more innovative? [J]. Canadian Journal of Economics/Revue canadienne d'économique, 2009, 42（1）：206 - 225.

[4] Hall B, Van Reenen J. How effective are fiscal incentives for R&D? A review of the evidence [J]. Research Policy, 2000, 29（4）：449 - 469.

[5] 李文. 创新税收激励的国际比较与借鉴 [J]. 税务研究，2007（4）：54 - 59.

[6] 彭高旺，李里. 我国税收负担：现状与优化 [J]. 中央财经大学学报，2006（2）：11 - 14.

[7] 常世旺，韩仁月. 效率损失、地区差距与省级最优税收负担 [J]. 财贸研究，2011（5）：77 - 84.

[8] 王延明. 上市公司所得税负担研究——来自规模、地区和行业的经验证据 [J]. 管理世界，2003（1）：115 - 122.

[9] 李增福，徐媛. 税率调整对我国上市公司实际税收负担的影响 [J]. 经济科学，2010（3）：27 - 38.

[10] 解维敏, 唐清泉, 陆姗姗. 政府 R&D 资助, 企业 R&D 支出与自主创新——来自中国上市公司的经验证据 [J]. 金融研究, 2009 (6): 86-99.

[11] 刘圻, 何钰, 杨德伟. 研发支出加计扣除的实施效果——基于深市中小板上市公司的实证研究 [J]. 宏观经济研究, 2012 (9): 87-92.

[12] 薛薇, 李艳艳. 我国研发费用加计扣除政策的改进方向 [J]. 中国科技论坛, 2010 (8): 10-14.

[13] 赵彤, 范金, 周应恒. 长三角地区企业研发费用加计扣除政策实施效果评价与对策建议 [J]. 中国科技论坛, 2011 (6): 68-73.

[14] 吴秀波. 税收激励对 R&D 投资的影响: 实证分析与政策工具选拔 [J]. 研究与发展管理, 2003, 15 (1): 36-41.

[15] 郑榕. 对所得税中两种 R&D 税收激励方式的评估 [J]. 财贸经济, 2006 (9): 3-8+96.

[16] 范金, 赵彤, 周应恒. 企业研发费用税前加计扣除政策: 依据及对策 [J]. 科研管理, 2011, 32 (5): 141-148.

[17] Hanlon M, Heitzman S. A review of tax research [J]. Journal of Accounting and Economics, 2010, 50 (2): 127-178.

[18] Modigliani F, Miller M H. The cost of capital, corporation finance and the theory of investment [J]. The American Economic Review, 1958 (1): 261-297.

[19] Hall R E, Jorgenson D W. Tax policy and investment behavior [J]. The American Economic Review, 1967 (1): 391-414.

[20] Sandmo A. Differential taxation and the encouragement of risk-taking [J]. Economics Letters, 1989, 31 (1): 55-59.

[21] Watson H. The effects of income tax rate uncertainty in a dynamic setting [J]. Southern Economic Journal, 1992 (1): 682-689.

[22] Mossin J. Taxation and risk-taking: An expected utility Approach [J]. Economica, 1968 (1): 74-82.

[23] Stiglitz JE. The effects of income, wealth, and capital gains taxation on risk-

taking [J]. The Quarterly Journal of Economics, 1969, 83 (2): 263 -283.

[24] Lund D. Taxation, uncertainty, and the cost of equity [J]. International Tax and Public Finance, 2002, 9 (4): 483 -503.

[25] Elschner C, Ernst C, Licht G et al. What the design of an R&D tax incentive tells about its effectiveness: A simulation of R&D tax incentives in the European Union [J]. The Journal of Technology Transfer, 2011, 36 (3): 233 -256.

[26] Griffith R, Sandler D, Reenen J. Tax incentives for R&D [J]. Fiscal Studies, 1995, 16 (2): 21 -44.

[27] Co - Operation of E, Development O. Science and technology Policy: Review and outlook 1994 [M]. OECD Paris, 1994.

[28] Tassey G. Choosing government R&D policies: Tax incentives vs. direct funding [J]. Review of Industrial Organization, 1996, 11 (5): 579 -600.

[29] Gupta S, Newberry K. Determinants of the variability in corporate effective tax rates: Evidence from longitudinal data [J]. Journal of Accounting and Public Policy, 1997, 16 (1): 1 -34.

[30] Adhikari A, Derashid C, Zhang H. Public policy, political connections, and effective tax rates: Longitudinal evidence from Malaysia [J]. Journal of Accounting and Public Policy, 2006, 25 (5): 574 -595.

[31] Plesko GA. An evaluation of alternative measures of corporate tax rates [J]. Journal of Accounting and Economics, 2003, 35 (2): 201 -226.

[32] Hansen GS, Hill CW. Are institutional investors myopic? A time - series study of four technology - driven industries [J]. Strategic Management Journal, 1991, 12 (1): 1 -16.

[33] Berrone P, Surroca J, Tribó J A. Corporate ethical identity as a determinant of firm performance: a test of the mediating role of stakeholder satisfaction [J]. Journal of Business Ethics, 2007, 76 (1): 35 -53.

[34] Baysinger B D, Kosnik R D, Turk T A. Effects of board and ownership

structure on corporate R&D strategy [J]. Academy of Management Journal, 1991, 34 (1): 205 – 214.

[35] Wu J, Tu R. CEO stock option pay and R&D spending: A behavioral agency explanation [J]. Journal of Business Research, 2007, 60 (5): 482 – 492.

[36] 赵洪江,陈学华,夏晖. 公司自主创新投入与治理结构特征实证研究 [J]. 中国软科学, 2008 (7): 145 – 149.

[37] 解维敏,方红星. 金融发展、融资约束与企业研发投入 [J]. 金融研究, 2011 (5): 171 – 183.

[38] 何燎原. 上市公司研发支出的信息披露与市场反应——基于重庆啤酒乙肝疫苗案例的分析 [J]. 中国注册会计师, 2012 (12): 56 – 59.

[39] Han BH, Manry D. The value – relevance of R&D and advertising expenditures: Evidence from Korea [J]. The International Journal of Accounting, 2004, 39 (2): 155 – 173.

[40] 王宇峰. R&D 支出信息披露的价值相关性研究 [J]. 财经理论与实践, 2011 (2): 73 – 78.

[41] Richardson G, Lanis R. Determinants of the variability in corporate effective tax rates and tax reform: Evidence from Australia [J]. Journal of Accounting and Public Policy, 2007, 26 (6): 689 – 704.

[42] 李增福,徐媛. 税率调整对我国上市公司实际税收负担的影响 [J]. 经济科学, 2010 (3): 27 – 38.

[43] Wilkie P. Corporate average effective tax rates and inferences about relative tax preferences [J]. The Journal of the American Taxation Association, 1988, 10 (1): 75 – 88.

[44] 岳树民,安体富. 加入 WTO 后的中国税收负担与经济增长 [J]. 中国人民大学学报, 2003 (2): 50 – 57.

[45] 吴联生,李辰. "先征后返"、公司税负与税收政策的有效性 [J]. 中国社会科学, 2007 (4): 61 – 73.

[46] 吴静桦, 邱权凤, 王红建. 放松利率管制、税率变动与企业去杠杆——基于政策工具组合的研究[J]. 商业研究, 2019 (4): 43-50.

[47] 郭杰, 王宇澄, 曾博涵. 国家产业政策、地方政府行为与实际税率——理论分析和经验证据[J]. 金融研究, 2019 (4): 56-74.

[48] 余明桂, 范蕊, 钟慧洁. 中国产业政策与企业技术创新[J]. 中国工业经济, 2016 (12): 5-22.

[49] 黎文靖, 郑曼妮. 实质性创新还是策略性创新?——宏观产业政策对微观企业创新的影响[J]. 经济研究, 2016, 51 (4): 60-73.

[50] Omer T C, Molloy K H, Ziebart D A. Measurement of effective corporate tax rates using financial statement information[M]. University of Illinois at Urbana-Champagne, 1990.

[51] Kim K A, Limpaphayom P. Taxes and firm size in pacific-basin emerging economies[J]. Journal of International Accounting, Auditing and Taxation, 1998, 7 (1): 47-68.

[52] 王聪. 中国银行业税负分析[J]. 金融研究, 2000 (7): 62-70.

[53] Derashid C, Zhang H. Effective tax rates and the "industrial policy" hypothesis: Evidence from Malaysia[J]. Journal of International Accounting, Auditing and Taxation, 2003, 12 (1): 45-62.

[54] Zimmerman J L. Taxes and firm size[J]. Journal of Accounting and Economics, 1983 (5): 119-149.

[55] 陈菲. 我国国有银行税收负担非税制因素成因分析及对策建议[J]. 审计研究, 2006 (5): 92-96.

[56] 李文. 税收负担对城镇居民消费的影响[J]. 税务研究, 2011 (2): 29-32.

[57] 陈金保, 赵晓, 何枫. 税收负担,税收结构对我国服务业增长影响的实证分析[J]. 中国农业大学学报(社会科学版), 2011, 28 (3): 184-190.

[58] Katz B G, Owen J. Exploring tax evasion in the context of political uncer-

tainty [J]. Economic Systems, 2013, 37 (2): 141-154.

[59] 罗党论, 杨玉萍. 产权、政治关系与企业税负——来自中国上市公司的经验证据 [J]. 世界经济文汇, 2013 (4): 1-19.

[60] Rajan R G, Zingales L. The great reversals: The politics of financial development in the twentieth century [J]. Journal of Financial Economics, 2003, 69 (1): 5-50.

[61] 吴文锋, 吴冲锋, 芮萌. 中国上市公司高管的政府背景与税收优惠 [J]. 管理世界, 2009 (3): 134-142.

[62] 冯延超. 中国民营企业政治关联与税收负担关系的研究 [J]. 管理评论, 2012, 24 (6): 167-176.

[63] 陈德球, 陈运森, 董志勇. 政策不确定性、税收征管强度与企业税收规避 [J]. 管理世界, 2016 (5): 151-163.

[64] Spooner GM. Effective tax rates from financial statements [J]. National Tax Journal, 1986 (1): 293-306.

[65] 吴联生. 国有股权、税收优惠与公司税负 [J]. 经济研究, 2009 (10): 109-120.

[66] Miao J, Wang P. Lumpy investment and corporate tax policy [M]. Boston University – Department of Economics, 2009.

[67] 刘行, 李小荣. 金字塔结构、税收负担与企业价值: 基于地方国有企业的证据 [J]. 管理世界, 2012 (8): 91-105.

[68] 郑红霞, 韩梅芳. 基于不同股权结构的上市公司税收筹划行为研究——来自中国国有上市公司和民营上市公司的经验证据 [J]. 中国软科学, 2008 (9): 122-131.

[69] 彭韶兵, 王伟. 上市公司"出身"与税收规避 [J]. 宏观经济研究, 2011 (1): 41-49.

[70] Wu L, Wang Y, Luo W, et al. State ownership, tax status and size effect of effective tax rate in China [J]. Accounting and Business Research, 2012, 42 (2):

97-114.

[71] 王跃堂, 王亮亮, 彭洋. 产权性质、债务税盾与资本结构 [J]. 经济研究, 2010, 45 (9): 122-136.

[72] 刘骏, 刘峰. 财政集权、政府控制与企业税负——来自中国的证据 [J]. 会计研究, 2014 (1): 21-27+94.

[73] Siegfried J J. Effective average US corporation income tax rates [J]. National Tax Journal, 1974: 245-259.

[74] Porcano T. Corporate tax rates: Progressive, proportional, or regressive [J]. Journal of the American Taxation Association, 1986, 7 (2): 17-31.

[75] Omer T C, Molloy K H, Ziebart D A. An investigation of the firm size—Effective tax rate relation in the 1980s [J]. Journal of Accounting, Auditing & Finance, 1993, 8 (2): 167-182.

[76] Tran A V. Causes of the book-tax income gap [C]. Australian Tax Forum. Tax Institute, 1998, 14 (3): 253.

[77] Omer T, Molloy K, Ziebart D. Using financial statement information in the measurement of effective corporate tax rates [J]. Journal of the American Taxation Association, 1991, 13 (1): 57-72.

[78] 曹越, 陈文瑞, 鲁昱. 环境规制会影响公司的税负吗? [J]. 经济管理, 2017, 39 (7): 163-182.

[79] Watts R L, Zimmerman J L. Towards a Positive Theory of the Determination of Accounting Standards [J]. Accounting Review, 1978, 53 (1): 112-134.

[80] 魏天保. 税收负担、税负结构与企业投资 [J]. 财经论丛, 2018 (12): 28-37.

[81] Shevlin T, Porter S. The corporate tax comeback in 1987: Some further evidence [J]. Journal of the American Taxation Association, 1992, 14 (1): 58-79.

[82] Stickney C P, McGee V E. Effective corporate tax rates the effect of size, capital intensity, leverage, and other factors [J]. Journal of Accounting and Public

Policy, 1982, 1 (2): 125-152.

[83] 李建英, 陈平, 李婷婷. 我国制造业上市公司所得税税负影响因素分析 [J]. 税务研究, 2015 (12): 41-44.

[84] 林小玲, 张凯. 企业所得税减免、融资结构与全要素生产率——基于2012—2016年全国税收调查数据的实证研究 [J]. 当代财经, 2019 (4): 27-38.

[85] Sarkar S, Goukasian L. The effect of tax convexity on corporate investment decisions and tax burdens [J]. Journal of Public Economic Theory, 2006, 8 (2): 293-320.

[86] Babenko I, Tserlukevich Y. Analyzing the tax benefits from employee stock options [J]. The Journal of Finance, 2009, 64 (4): 1797-1825.

[87] 陈艳艳, 郭然. 员工股权激励的国外研究述评: 实施动机与经济后果 [J]. 管理现代化, 2017, 37 (5): 123-129.

[88] Hanlon M, Shevlin T. Accounting for tax benefits of employee stock options and implications for research [J]. Accounting Horizons, 2002, 16 (1): 1-16.

[89] Graham J R, Lang M H, Shackelford D A. Employee stock options, corporate taxes, and debt policy [J]. The Journal of Finance, 2004, 59 (4): 1585-1618.

[90] Miller MH, Modigliani F. Dividend policy, growth, and the valuation of shares [J]. The Journal of Business, 1961, 34 (4): 411-433.

[91] Heider F, Ljungqvist A. As certain as debt and taxes: Estimating the tax sensitivity of leverage from exogenous state tax changes [J]. Journal of Financial Economics, 2015, 118 (3): 684-712.

[92] Abhiroop Mukherjee, Manpreet Singh and Alminas Zaldokas. Do corporate taxes hinder innovation? [R]. Journal of Financial Economics, 2017, 124 (1): 195-221.

[93] Givoly D, Hayn C, Ofer AR, et al. Taxes and capital structure: Evidence from firms' response to the Tax Reform Act of 1986 [J]. Review of Financial Studies, 1992, 5 (2): 331-355.

[94] Graham J R, Tucker A L. Tax shelters and corporate debt policy [J].

Journal of financial economics, 2006, 81 (3): 563-594.

[95] Buettner T, Overesch M, Schreiber U, et al. Taxation and capital structure choice—evidence from a panel of German multinationals [J]. Economics Letters, 2009, 105 (3): 309-311.

[96] 余明桂, 范蕊, 钟慧洁. 中国产业政策与企业技术创新 [J]. 中国工业经济, 2016 (12): 5-22.

[97] Graham J R, Smith C W. Tax incentives to hedge [J]. The Journal of Finance, 1999, 54 (6): 2241-2262.

[98] Sarkar S. Can tax convexity be ignored in corporate financing decisions? [J]. Journal of Banking & Finance, 2008, 32 (7): 1310-1321.

[99] Brennan MJ, Schwartz ES. Corporate income taxes, valuation, and the problem of optimal capital structure [J]. Journal of Business, 1978, 51 (1): 103.

[100] Leland HE. Corporate debt value, bond covenants, and optimal capital structure [J]. The Journal of Finance, 1994, 49 (4): 1213-1252.

[101] Lokshin B, Mohnen P. How effective are level-based R&D tax credits? Evidence from the Netherlands [J]. Applied Economics, 2012, 44 (12): 1527-1538.

[102] 于海珊, 杨芷晴. 税收优惠对中小企业投融资能力的影响 [J]. 财政研究, 2016 (12): 101-110.

[103] Vartia L. How do taxes affect investment and productivity?: An industry-level analysis of OECD countries [R]. OECD Publishing, 2008.

[104] 娄贺统, 徐恬静. 税收激励对企业技术创新的影响机理研究 [J]. 研究与发展管理, 2008, 20 (6): 88-94.

[105] 樊勇, 李昊楠, 蒋玉杰. 企业税负、税收凸显性与企业固定资产投资 [J]. 财贸经济, 2018, 39 (12): 49-61.

[106] Gentry W M, Hubbard R G. Tax policy and entrepreneurial entry [J]. American Economic Review, 2000 (1): 283-287.

[107] MacKie-Mason JK. Some nonlinear tax effects on asset values and invest-

ment decisions under uncertainty [J]. Journal of Public Economics, 1990, 42 (3): 301-327.

[108] Agliardi E, Agliardi R. Progressive taxation and corporate liquidation policy [J]. Economic Modelling, 2008, 25 (3): 532-541.

[109] Wong KP. Progressive taxation, tax exemption, and corporate liquidation policy [J]. Economic Modelling, 2009, 26 (2): 295-299.

[110] Heathcote J, Storesletten K, Violante G L. Optimal tax progressivity: An analytical framework [J]. The Quarterly Journal of Economics, 2017, 132 (4): 1693-1754.

[111] Alvarez LH, Koskela E. Progressive taxation, tax exemption, and irreversible investment under uncertainty [J]. Journal of Public Economic Theory, 2008, 10 (1): 149-169.

[112] Hassett KA, Metcalf GE. Investment with uncertain tax policy: Does random tax policy discourage investment [J]. The Economic Journal, 1999, 109 (457): 372-393.

[113] Niemann R. The impact of tax uncertainty on irreversible investment [J]. Review of Managerial Science, 2011, 5 (1): 1-17.

[114] Agliardi E. Taxation and investment decisions: A real options approach [J]. Australian Economic Papers, 2001, 40 (1): 44-55.

[115] Edmiston KD. Tax Uncertainty and Investment: A Cross - Country Empirical Examination [J]. Economic Inquiry, 2004, 42 (3): 425-440.

[116] 龚旻, 甘家武, 张帆. 中国公共预算约束软化的体制成因: 理论分析与实证检验 [J]. 财经理论与实践, 2017, 38 (1): 122-127.

[117] 李凤羽, 杨墨竹. 经济政策不确定性会抑制企业投资吗？——基于中国经济政策不确定指数的实证研究 [J]. 金融研究, 2015 (4): 115-129.

[118] Weiss L. The desirability of cheating incentives and randomness in the optimal income tax [J]. Journal of Political Economy, 1976, 84 (6): 1343-1352.

[119] Alvarez L H, Kanniainen V, Södersten J. Tax policy uncertainty and corporate investment: A theory of tax – induced investment spurts [J]. Journal of Public Economics, 1998, 69 (1): 17 –48.

[120] 申慧慧, 吴联生, 肖泽忠. 环境不确定性与审计意见: 基于股权结构的考察 [J]. 会计研究, 2010 (12): 57 –64.

[121] Boehm H. , Funke M . Optimal investment strategies under demand and tax policy uncertainty [J]. Social Science Electronic Publishing, 2001 (1): 7 –14.

[122] Domar E D, Musgrave R A. Proportional income taxation and risk – taking [J]. The Quarterly Journal of Economics, 1944, 58 (3): 388 –422.

[123] 高凤勤, 杨璇, 李涛. 促进创新的个人所得税制改革思考 [J]. 税务研究, 2019 (3): 24 –29.

[124] Gentry W M, Hubbard R G. The effects of progressive income taxation on job turnover [J]. Journal of Public Economics, 2004, 88 (11): 2301 –2322.

[125] Cullen J B, Gordon R H. Taxes and entrepreneurial risk – taking: Theory and evidence for the US [J]. Journal of Public Economics, 2007, 91 (7): 1479 –1505.

[126] Klemm A, Parys S. Empirical evidence on the effects of tax incentives [J]. International Tax and Public Finance, 2012, 19 (3): 393 –423.

[127] Mamuneas T P , Ishaq Nadiri M. Public R&D policies and cost behavior of the US manufacturing industries [J]. Journal of Public Economics, 1996 (63): 7 –14.

[128] Klassen, Kenneth J, Carnaghan C. E – Commerce and international tax planning [J]. Ssrn Electronic Journal, 2004, 78 (2): 56 –66.

[129] Russo B. A cost – benefit analysis of R&D tax incentives [J]. Canadian Journal of Economics/Revue canadienne d'économique, 2004, 37 (2): 313 –335.

[130] Lokshin B. , Mohnen P. Do R&D tax incentives lead to higher wages for R&D workers? Evidence from the netherlands [J]. Research Policy, 2013, 42 (3): 823 –830.

[131] Mansfield E. , Switzer L. The effects of R&D tax credits and allowances in

canada [J]. Research Policy, 1985, 14 (2): 97 – 107.

[132] Hall, Bronwyn H. R&D tax policy during the 1980s: Success or failure? [J]. Tax Policy and the Economy, 1993 (7): 1 – 35.

[133] Koga T. Firm size and R&D tax incentives [J]. Technovation, 2003, 23 (7): 643 – 648.

[134] Warda J. Measuring the value of R&D tax provisions: A primer on the B – Index model for analysis and comparison [M]. Brussels: JPW Innovation Associates Inc., 2005.

[135] Eisner R, Albert SH, Sullivan MA. Tax incentives and R&D expenditures [M]. Northwestern University, 1983.

[136] Swenson C W. Some tests of the incentive effects of the research and experimentation tax credit [J]. Journal of Public Economics, 1992, 49 (2): 203 – 218.

[137] Berger PG. Explicit and implicit tax effects of the R&D tax credit [J]. Journal of Accounting Research, 1993 (31): 131 – 131.

[138] Bloom N, Griffith R, Van Reenen J. Do R&D Tax Credits Work? Evidence from a panel of countries 1979 – 1997 [J]. Journal of Public Economics, 2002, 85 (1): 1 – 31.

[139] Parisi M L, Sembenelli A. Is private R&D spending sensitive to its price? Empirical evidence on panel data for italy [J]. Empirica, 2003, 30 (4): 357 – 377.

[140] Stiglitz J E. On the optimality of the stock market allocation of investment [J]. The Quarterly Journal of Economics, 1972, 86 (1): 25 – 60.

[141] 朱星文. 宏观政策、微观特征怎样影响了企业的 R&D 投入 [J]. 当代财经, 2018 (12): 15 – 25.

[142] Griliches Z. Patent statistics as economic indicators: A survey [J]. Journal of Economic Literature, 1990, 28 (4): 1661 – 1707.

[143] Foreman – Peck J. SME takeovers as a contributor to regional productivity gaps [J]. Small Business Economics, 2013, 41 (2): 359 – 378.

[144] 周泽将. 税收负担、会计稳健性与薪酬业绩敏感度 [J]. 金融研究, 2012（10）：167-179.

[145] 曾亚敏, 张俊生. 税收征管能够发挥公司治理功用吗？[J]. 管理世界, 2009（3）：143-151.

[146] 叶康涛, 刘行. 税收征管、所得税成本与盈余管理 [J]. 管理世界, 2011（5）：140-148.

[147] 胥佚萱. 企业不同税收负担计量指标的评价与未来研究方向刍议 [J]. 天津财经大学学报, 2010（9）：87-93.

[148] 冯海波, 周懿. 税收负担与中小企业创业活跃度——基于省级面板数据的分析 [J]. 税务研究, 2019（2）：68-75.

[149] 李建军, 刘元生, 王冰洁. 税收负担与企业产能过剩——基于世界银行调查数据的经验证据 [J]. 财政研究, 2019（1）：103-115+129.

[150] Romer C D, Romer D. H. The macroeconomic Effects of Tax Changes: Estimates Based on a New Measure of Fiscal Shocks [J]. American Economic Review, 2010, 100（3）：763-801.

[151] 李忠. 我国税收负担对经济增长的影响研究 [D]. 西南大学博士学位论文, 2012.

[152] 吉赟, 王贞. 税收负担会阻碍企业创新吗？——来自"金税工程三期"的证据 [J]. 南方经济, 2019（3）：17-35.

[153] Kamien M I, Schwartz N L. Market structure and innovation [M]. Cambridge, England: Cambridge University Press. Kamien Market structure and innovation 1982, 1982（1）：7-14.

[154] Stiglitz J E, Weiss A. Credit rationing in markets with imperfect information [J]. The American Economic Review, 1981（1）：393-410.

[155] Brown J R, Fazzari S M, Petersen B. C. Financing innovation and growth: Cash flow, external equity, and the 1990s R&D boom [J]. The Journal of Finance, 2009, 64（1）：151-185.

[156] Bond S, Meghir C. Financial constraints and company investment [J]. Fiscal Studies, 1994, 15 (2): 1 – 18.

[157] 李春涛, 郭培培, 张璇. 知识产权保护、融资途径与企业创新——基于跨国微观数据的分析 [J]. 经济评论, 2015 (1): 77 – 91.

[158] 张雅静, 李晓丹, 陈玉文. 基于协整理论的中国医药制造业盈利能力与 R&D 投入关系研究 [J]. 科技管理研究, 2018, 38 (18): 84 – 89.

[159] Himmelberg C P, Petersen B C. R&D and Internal Finance: A Panel Study of Small Firms in High – tech Industries [R]. Federal Reserve Bank of Chicago, 1991.

[160] 吴祖光, 安佩. 商业信用融资对企业研发投入强度的影响——来自创业板上市公司的经验证据 [J]. 科技进步与对策, 2019, 36 (6): 94 – 100.

[161] Romer P M. Endogenous Technological Change [J]. Journal of Political Economy, 1990, 98 (5): 71 – 102.

[162] Aghion P, Howitt P. A model of growth through creative destruction [J]. Econometrica, 1992, 60 (2): 323 – 351.

[163] Grossman G M, Helpman E. Endogenous innovation in the theory of growth [R]. National Bureau of Economic Research, 1993.

[164] Van Pottelsberghe de la Potterie B, Guellec D. The impact of public R&D expenditure on business R&D [R]. ULB—Universite Libre de Bruxelles, 2003.

[165] Arrow K. Economic welfare and the allocation of resources for invention [M] //The Rate and Direction of Inventive Activity: Economic and Social Factors. Nber, 1962: 609 – 626.

[166] Aboody D, Lev B. Information asymmetry, R&D, and insider gains [J]. The Journal of Finance, 2000, 55 (6): 2747 – 2766.

[167] Brown J R, Martinsson G, Petersen B C Do financing constraints Matter for R&D? [J]. European Economic Review, 2012, 56 (8): 1512 – 1529.

[168] Danielova A, Sarkar S. The effect of leverage on the tax – cut versus in-

vestment – subsidy argument [J]. Review of Financial Economics, 2011, 20 (4): 123 – 129.

[169] Fazzari S, Petersen B, Hubbard R. Financing Constraints and Corporate Investment [R]. NBER Working Paper Series, 1988: 23 – 24.

[170] Hovakimian G. Determinants of investment cash flow sensitivity [J]. Financial Management, 2009, 38 (1): 161 – 183.

[171] Hall B H, Lerner J. The financing of R&D and innovation [R]. National Bureau of Economic Research, 2009.

[172] Brown J R, Petersen B. C. Why has the investment – cash flow sensitivity declined so sharply? Rising R&D and equity market developments [J]. Journal of Banking & Finance, 2009, 33 (5): 971 – 984.

[173] Durnev A, Kim E. To steal or not to steal: Firm attributes, legal environment, and valuation [J]. The Journal of Finance, 2005, 60 (3): 1461 – 1493.

[174] Hall B H, Oriani R. Does the market value R&D investment by european firms? Evidence from a panel of manufacturing firms in France, Germany, and Italy [J]. International Journal of Industrial Organization, 2006, 24 (5): 971 – 993.

[175] 解维敏, 方红星. 金融发展、融资约束与企业研发投入 [J]. 金融研究, 2011 (5): 171 – 183.

[176] Dechow P M, Sloan R G. Executive incentives and the horizon problem: An empirical investigation [J]. Journal of Accounting & Economics, 1991, 14 (1): 51 – 89.

[177] Graham J R, Harvey C R, Rajgopal S. SSRN – the economic implications of corporate financial reporting by John Graham, Campbell Harvey, Shivaram Rajgopal [J]. Journal of Accounting and Economics, 2005 (40): 7 – 14.

[178] Beatty A, Harris D G. The effects of taxes, agency costs and information asymmetry on earnings management: A comparison of public and private firms [J]. Review of Accounting Studies, 1999, 4 (3 – 4): 299 – 326.

[179] Stein J C. Efficient Capital Markets, Inefficient Firms: A Model of Myopic

Corporate Ohavior [J]. The Quarterly Journal of Economics, 1989, 104 (4): 655-669.

[180] Erickson M, Hanlon M, Maydew E L. How much will firms pay for earnings that do not exist? Evidence of taxes paid on allegedly fraudulent earnings [J]. The Accounting Review, 2004, 79 (2): 387-408.

[181] Hanlon M. What can we infer about a firm's taxable income from Its financial statements? [J]. National Tax Journal, 2003 (1): 831-863.

[182] Hanlon M. The persistence and pricing of earnings, accruals, and cash flows when firms have large book-tax differences [J]. The Accounting Review, 2005, 80 (1): 137-166.

[183] Alm J, Torgler B. Do ethics matter? Tax compliance and morality [J]. Journal of Business Ethics, 2011, 101 (4): 635-651.

[184] Larcker D F, Rusticus T O On the use of instrumental variables in accounting research [J]. Journal of Accounting and Economics, 2010, 49 (3): 186-205.

[185] Randolph W C. International burdens of the corporate income tax [J]. Working Papers, 2006 (1): 7-14.

[186] Mansfield E. Determinants of the speed of application of new technology [M]. J. E. A., 1971.

[187] Arikawa Y. 4 Financial systems and economic development [J]. Miraculous Growth and Stagnation in Post-War Japan, 2011 (40): 7-14.

[188] Titman S, Wessels R. The determinants of capital structure choice [J]. The Journal of Finance, 1988, 43 (1): 1-19.

[189] Ogawa K. Debt, R&D investment and technological progress: A panel study of Japanese manufacturing firms' behavior during the 1990s [J]. Journal of the Japanese and International Economies, 2007, 21 (4): 403-423.

[190] Chava S, Purnanandam A. CEOs Versus CFOs: Incentives and corporate policies [J]. Journal of Financial Economics, 2010, 97 (2): 263-278.

[191] Xu B., Magnan M L, Andre P E. The stock market valuation of R&D in-

formation in Biotech Firms [J]. Contemporary Accounting Research, 2007, 24 (4): 1291 – 1318.

[192] Bayer R C, Sutter M. The excess burden of tax evasion—An experimental detection – concealment contest [J]. European Economic Review, 2009, 53 (5): 527 – 543.

[193] 毛基业,李高勇. 案例研究的"术"与"道"的反思——中国企业管理案例与质性研究论坛(2013)综述 [J]. 管理世界, 2014 (2): 111 – 117.

[194] Eisenhardt K M, Graebner M E, Sonenshein S. Grand challenges and inductive methods: Rigor without rigor mortis [J]. Academy of management journal, 2016, 59 (4): 1113 – 1123.

[195] Eisenhardt K M. Building theories from case study research [J]. Academy of Management Review, 1989, 14 (4): 532 – 550.

后 记

自 2009 年开始关注我国税收负担及其影响相关问题,至今已有 10 个年头。在此期间,我国经济已经由第三大经济体跃升为第二大经济体,我国经济总量持续增长,政府职能转变成效显著,经济结构得到优化,人民生活水平得到极大改善,城乡社会保障体系逐步完善,企业创新能力不断增强,"一带一路"建设提升大国地位。改革和创新成为推动经济发展的重要动力。经济领域改革助推企业创新发展。会计准则在与国际趋同后不断完善,税制改革持续推进,顺利完成了"营改增"改革,通过税制、降税率,企业税收负担明显减轻。同时,我国经济也经历了 2008 年美国次贷危机冲击后的震荡期,目前我国经济已进入高质量发展新阶段。

会计和税收改革为中国企业"走出去"提供了条件和便利,也为企业创新发展提供了新的动力。对于学者而言,经济改革为研究提供了新情景和新课题。在我国税收负担问题备受争议的背景下,笔者对我国企业税收负担相关问题进行了一定思考和研究。在本书完成之际,要特别感谢曾经培养我的西安交通大学管理学院,它培养了我从事学术研究严谨的态度和艰苦钻研的精神,在严格训练中形成了良好科学研究素养。同时,感谢万迪昉教授给予我的关怀和悉心指导,是他悉心教诲,培养了我从事管理研究的基本思维,特别是他谦逊的品质潜移默化地影响我,使我受益匪浅。同时,特别感谢西安理工大学经济与管理学院领导和同事多年来对我的关怀和支持,宽松友好的学院氛围使我顺利完成书稿。特别感谢我的硕士生万心悦同学在第3章数据处理时提供的帮助，特别感谢硕士生黄译锐在案例研究中的翻译和数据整理工作。

感谢我的父母和家人，是他们无私地、全方位地关心我、支持我和鼓励我，才能使我有充分的时间顺利完成书稿，特别是我的父母，我远离他们身边不能及时尽孝，但他们从不曾让我分担甚至知晓他们的辛苦。